Chuť Talianska
Kulinárska Cesta do Slnečnej Itálie

Lucia Benedetti

OBSAH

Plnená ryža Timbale 9

Ryža a fazuľa, benátsky štýl 16

Ryža so sardinkovou klobásou 18

Polenta 20

Polenta so smotanou 22

Polenta s ragú 24

Polenta Crostini, tri spôsoby 25

Polentové sendviče 28

Polenta s tromi syrmi 30

Polenta s gorgonzolou a mascarpone 32

Hubová polenta 34

Polenta z pohánky a kukurice 36

Zapečená polenta so syrom 38

Zapečená polenta s klobásou Ragù 40

Polenta "v reťaziach" 42

Farro šalát 44

Farro, štýl Amatrice 47

Farro, paradajka a syr 49

Orzotto s krevetami a jačmeňom 51

Jačmeň a zeleninové orzotto 53

Prosciutto a vajcia 55

Pečená špargľa s vajíčkami 58

Vajcia pri čistení 60

Vajcia v paradajkovej omáčke na marcový spôsob 62

Vajíčka v piemontskom štýle 64

Florentské vajcia 66

Pečené vajcia so zemiakmi a syrom 68

Papriky a vajcia 70

Zemiaky a vajcia 72

Zapekacia misa s hubami a vajcami 75

Frittata s cibuľou a rukolou 77

Frittata z cukety a bazalky 80

Frittata so stovkou byliniek 82

Špenátová frittata 84

Frittata s hubami a Fontina 87

Neapolské špagety frittata 89

Cestovinová frittata 91

Malé omelety 93

Frittata s ricottou a kvetmi cukety 95

Omeletové prúžky v paradajkovej omáčke 97

Morský vlk s olivovými strúhankami 100

Morský vlk s hubami 102

Filety z kambaly s olivovou pastou a paradajkami 104

Pečená treska 106

Ryby v "bláznivej vode" 109

Modrá ryba s citrónom a mätou 111

Polstrovaná podrážka 113

Podrážky s bazalkou a mandľami 115

Marinovaný tuniak na sicílsky spôsob 117

Špízový tuniak s pomarančom 119

Tuniak a paprika grilované na spôsob molic 121

Grilovaný tuniak s citrónom a oreganom 123

Steaky z tuniaka pečené na dube 125

Pečený tuniak s rukolovým pestom 127

Kastról s tuniakom a fazuľou Cannellini 129

Sicílsky mečúň s cibuľou 131

Mečiar s artičokmi a cibuľou 133

Meč v štýle Messiny 135

Zvitky meča 137

Pečená kambala so zeleninou 139

Na panvici vyprážaný morský vlk s cesnakovou zeleninou 141

Scrod s pikantnou paradajkovou omáčkou 143

Carpaccio z lososa 145

Steaky z lososa s borievkami a červenou cibuľou 147

Losos s jarnou zeleninou ... 149

Rybie steaky v zelenej omáčke ... 151

Morský list pečený v papieri ... 153

Pečená ryba s olivami a zemiakmi ... 155

Citrus Red Snapper ... 157

Ryby v slanej kôre ... 159

Pečená ryba na bielom víne a citróne ... 161

Pstruh s prosciuttom a šalviou ... 163

Zapečené sardinky s rozmarínom ... 165

Sardinky, benátske ... 167

Plnené sardinky, sicílske ... 169

Grilované sardinky ... 171

Vyprážaná slaná treska ... 173

Slaná treska na spôsob pizze ... 175

Slaná treska so zemiakmi ... 177

Krevety a fazuľa ... 179

Krevety v cesnakovej omáčke ... 181

Krevety s paradajkami, kaparami a citrónom ... 183

Krevety v sardelovej omáčke ... 185

Vyprážané krevety ... 188

Krevety a kalamáre vyprážané v cestíčku ... 191

Grilované špízy z kreviet ... 193

"Diablov brat" homár 195

Pečený plnený homár 198

Hrebenatka s cesnakom a petržlenovou vňaťou 201

Grilované mušle a krevety 203

Mušle a mušle Posillipo 205

Pečené plnené mušle 208

Mušle s čiernym korením 211

Mušle s cesnakom a bielym vínom 213

Sardinkové mušle so šafranom 215

Králik s paradajkami 217

Sladkokyslý dusený králik 219

Pečený králik so zemiakmi 222

Plnená ryža Timbale

Sartù di Riso

Na 8 až 10 porcií

Ryža nie je bežnou ingredienciou v neapolskej kuchyni, no toto jedlo patrí medzi klasiku tejto oblasti. Predpokladá sa, že má svoje korene v aristokratických kuchyniach, ktoré prevádzkovali vyškolení kuchári vo Francúzsku, keď bol Neapol hlavným mestom Kráľovstva dvoch Sicílií.

Dnes sa vyrába na špeciálne príležitosti a dokonca som jedla aj moderné verzie vyrobené vo formách na mieru.

Toto je veľkolepé jedlo, ktoré by bolo ideálne na zábavu. Z obrovského ryžového koláča, keď ho rozkrojíte, vypadnú malé mäsové guľky a ďalšie ingrediencie v plnke. Jeho výroba nie je náročná, ale zahŕňa niekoľko krokov. Omáčku a náplň je možné pripraviť až 3 dni pred zostavením misky.

omáčka

1 unca sušených hríbov

2 šálky teplej vody

1 stredná cibuľa, nakrájaná

2 polievkové lyžice olivového oleja

1 (28 uncí) plechovka dovezeného talianskeho pelatasu, ktorá prešla mlynom na potraviny

Soľ a čerstvo mleté čierne korenie

Mäsové guľky a klobásy

2 až 3 plátky talianskeho chleba, natrhané na kúsky (asi 1/2 šálky)

1/4 šálky mlieka

8 uncí mletého teľacieho mäsa

1/4 šálky čerstvo nastrúhaného Parmigiano-Reggiano

1 strúčik cesnaku, nasekaný nadrobno

2 polievkové lyžice nasekanej čerstvej petržlenovej vňate a viac na ozdobu

1 veľké vajce

Soľ a čerstvo mleté čierne korenie

2 polievkové lyžice olivového oleja

2 sladké talianske klobásy

zhromaždenie

8 uncí čerstvej nakrájanej mozzarelly

1 šálka čerstvého alebo mrazeného hrášku

2 šálky strednezrnnej ryže, ako je Arborio, Carnaroli alebo Vialone Nano

Soľ

1 šálka čerstvo nastrúhaného Parmigiano-Reggiano

Čerstvo mleté čierne korenie

2 polievkové lyžice nesoleného masla

6 polievkových lyžíc obyčajnej suchej strúhanky

Nasekaná čerstvá petržlenová vňať na ozdobu

1. Pripravte omáčku: huby namočte na 30 minút do vody v stredne veľkej miske. Vytiahnite huby z namáčacej tekutiny. Kvapalinu preceďte cez papierový kávový filter alebo kúsok navlhčenej gázy do čistej misky a odložte. Opláchnite huby pod tečúcou vodou, pričom osobitnú pozornosť venujte základni, kde sa hromadí pôda. Huby nakrájame nadrobno.

2. Vložte cibuľu a olej do širokého, ťažkého hrnca na strednom ohni. Varte za občasného miešania, kým cibuľa nie je mäkká a zlatá, asi 10 minút. Vmiešame nakrájané šampiňóny. Pridajte paradajky a odloženú hubovú tekutinu. Dochutíme soľou a korením. Necháme prevrieť. Varte na miernom ohni za občasného miešania do zhustnutia, asi 30 minút.

3. Pripravte fašírky: V stredne veľkej miske namočte chlieb na 5 minút do mlieka a vyžmýkajte. V tej istej miske zmiešame chlieb, teľacie mäso, syr, cesnak, petržlenovú vňať, vajce a soľ a korenie podľa chuti. Dobre premiešajte. Zo zmesi vytvarujte 1-palcové mäsové guľky.

4. Olej zohrejte vo veľkej panvici na strednom ohni. Pridajte mäsové guľky a otočte ich kliešťami, kým zo všetkých strán nezhnednú. Pomocou dierovanej lyžice preložíme fašírky na tanier. Olej zlejeme a panvicu opatrne utrieme papierovými utierkami.

5. V tej istej panvici zmiešame párky a toľko vody, aby boli do polovice zakryté. Prikryjeme a varíme na miernom ohni, kým sa voda neodparí a klobásy nezačnú hnednúť. Odkryte a varte klobásy za občasného otáčania, kým sa neuvaria, asi 10 minút. Klobásky nakrájame na plátky.

6.V strednej miske jemne premiešajte mäsové guľky, plátky klobásy, mozzarellu a hrášok s 2 šálkami paradajkovej a hubovej omáčky a odložte.

7.Vo veľkom hrnci zmiešajte zvyšnú omáčku so 4 šálkami vody. Zmes povarte. Pridajte ryžu a 1 lyžičku soli. Tekutinu znova priveďte do varu a raz alebo dvakrát premiešajte. Prikryjeme a dusíme, kým ryža takmer nezmäkne, asi 15 minút.

8.Odstráňte hrniec z ohňa. Nechajte ryžu mierne vychladnúť. Vmiešame Parmigiano. Dochutíme soľou a korením.

9.Vnútro hlbokej 2 1/2-litrovej kastróly alebo misky odolnej voči rúre vymastíme maslom. Posypeme ho 4 lyžicami strúhanky. Do pripraveného kastróla nalejte asi dve tretiny ryže a zatlačte na dno a boky, aby sa z ryže vytvorila „škrupina". Do stredu lyžicou vložíme zmes mäsových guľôčok a klobásy. Prikryjeme zvyšnou ryžou a rovnomerne rozložíme. Na vrch nasypeme zvyšok mrveničky. (Ak nepripravujete ihneď, zakryte a ochlaďte tymbaly.)

10.Asi 2 hodiny pred podávaním umiestnite rošt do stredu rúry. Predhrejte rúru na 350 ° F. Timbales pečieme 1 1/2 hodiny alebo kým povrch jemne nezhnedne a zmes nebude horúca v strede. (Presný čas varenia závisí od veľkosti a tvaru kastróla. Na kontrolu teploty v strede použite teplomer s okamžitým odčítaním. Mala by byť aspoň 140 °F.)

11. Pripravte chladiaci stojan. Timbal necháme 10 minút vychladnúť na mriežke. Prejdite nožom alebo kovovou špachtľou pozdĺž vnútorného okraja kastróla. Na vrch kastróla položte veľký tanier. Držte nádobu (s držiakom na hrnce) pevne pri tanieri a otočte oboma, aby ste preniesli timbale na tanier. Posypeme petržlenovou vňaťou. Na servírovanie nakrájajte na plátky. Podávajte teplé.

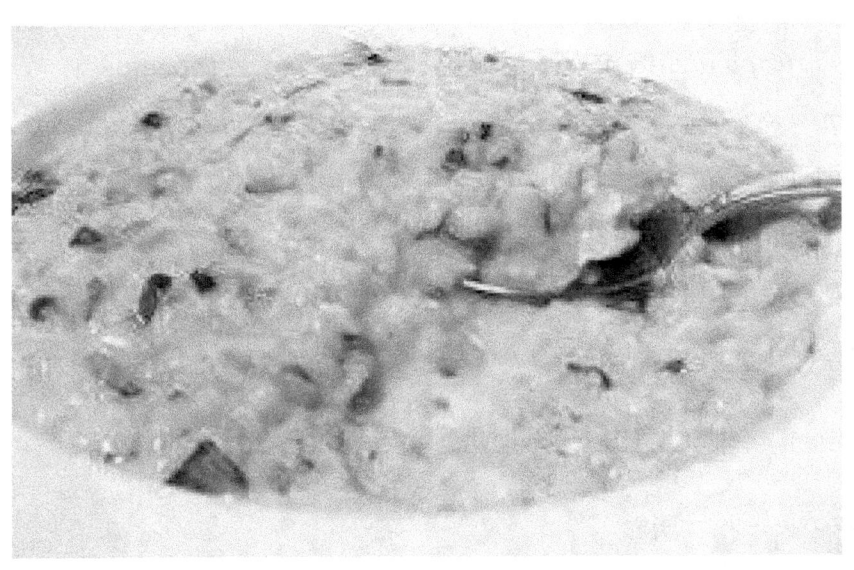

Ryža a fazuľa, benátsky štýl

Riso a Fagioli alla Veneta

Na 4 porcie

V lete sa ryža a fazuľa podávajú teplé, nie horúce. Obľúbenou odrodou v regióne Veneto je brusnicová fazuľa, v taliančine známa ako borlotti. Neuvarené semená brusníc sú ružové s krémovými znakmi. Po uvarení sa sfarbia do pevnej ružovkastej béžovej farby. Vyzerajú veľmi podobne ako fazuľa pinto, ktorú môžete nahradiť, ak chcete.

Asi 2 šálky domácej<u>Mäsová polievka</u>alebo hovädzí vývar z obchodu

3 polievkové lyžice oleja

1 malá cibuľa, nakrájaná nadrobno

1 stredná mrkva, jemne nakrájaná

1 stredné zelerové rebro, nakrájané nadrobno

½ šálky jemne nasekanej pancetty

2 šálky varených sušených brusníc alebo pinto fazule alebo 1 (16 uncí) konzervovaných fazulí s tekutinou

1 šálka stredne zrnnej ryže, ako je Arborio, Carnaroli alebo Vialone Nano

Soľ a čerstvo mleté čierne korenie

1. Ak treba, pripravte polievku. Potom zohrejte olej s cibuľou, mrkvou, zelerom a pancettou v širokej a ťažkej panvici na strednom ohni. Varte za občasného miešania, kým zelenina nie je zlatohnedá, asi 20 minút.

2. Pridajte fazuľu a 1 šálku studenej vody. Varte a varte 20 minút.

3. Asi jednu tretinu fazuľovej zmesi odložíme. Zvyšok rozmixujte v kuchynskom robote alebo mlynčeku na pyré, kým nebude hladký. Nalejte fazuľové pyré a 1 šálku vývaru do veľkého širokého hrnca. Necháme zovrieť na strednom ohni. Varte 5 minút, občas premiešajte.

4. Pridajte ryžu do panvice, soľ a korenie podľa chuti. Varte 20 minút za častého miešania, aby sa fazuľa neprilepila na dno panvice. Po troche pridávajte zvyšný vývar, kým ryža nie je mäkká, ale stále pevná. Vmiešame odloženú fazuľovú zmes a vypneme oheň.

5. Nechajte 5 minút odpočívať. Podávajte teplé.

Ryža so sardinkovou klobásou

Riso alla Sarda

Na 6 jedál

Toto tradičné sardínske jedlo z ryže, skôr ako pilaf než rizoto, nevyžaduje veľa miešania.

Asi 3 šálky<u>Mäsová polievka</u>

1 stredná cibuľa, nakrájaná

2 lyžice nasekanej čerstvej plochej petržlenovej vňate

2 polievkové lyžice olivového oleja

12 uncí bežnej talianskej bravčovej klobásy s odstránenými črievkami

1 šálka ošúpaných paradajok zbavených semienok a nakrájaných na kocky

Soľ a čerstvo mleté čierne korenie

1 1/2 šálky strednozrnnej ryže, ako je Arborio, Carnaroli alebo Vialone Nano

1/2 šálky čerstvo nastrúhanej Pecorina Romano alebo Parmigiano-Reggiano

1. Ak treba, pripravte polievku. Potom v širokej a ťažkej panvici na strednom ohni opečte na oleji cibuľu a petržlenovú vňať, kým cibuľa nezmäkne, asi 5 minút. Pridáme mäso z klobásy a za častého miešania varíme, kým klobása jemne nezhnedne, asi 15 minút.

2.Vmiešame paradajky a podľa chuti soľ a korenie. Zalejeme polievkou a privedieme do varu. Vmiešame ryžu. Prikryjeme a varíme 10 minút. Skontrolujte, či zmes nie je príliš suchá. V prípade potreby pridajte viac vývaru alebo vody. Prikryte a varte ďalších 8 minút, alebo kým ryža nezmäkne.

3.Odstráňte panvicu z ohňa. Vmiešame syr. Ihneď podávajte.

Polenta

Na 4 porcie

Tradičným spôsobom varenia polenty je pomalé pretrepávanie suchej kukuričnej múčky jemným prúdom cez prsty jednej ruky do hrnca s vriacou vodou za stáleho miešania druhou rukou. Potrebujete veľa trpezlivosti, aby ste to urobili správne; ak pôjdete príliš rýchlo, kukuričná múka vytvorí hrudky. Medzitým vás páli ruka od držania nad vriacou tekutinou.

Oveľa preferujem nižšie uvedený spôsob varenia polenty, pretože je rýchly a bezpečný. Najlepšie zo všetkého je, že som túto metódu testoval bok po boku s tradičnou metódou a nemôžem rozlíšiť žiadny rozdiel v konečnom výsledku. Pretože sa kukuričná krupica najskôr zmieša so studenou vodou, nevytvoria sa hrudky, ktoré sa môžu rýchlo vytvoriť, ak sa suchá krupica nasype priamo do horúcej vody.

Uistite sa, že používate hrniec s hrubým dnom, inak sa polenta môže pripáliť. Hrniec môžete umiestniť aj na Flametamer – kovový disk, ktorý sa hodí nad horák sporáka, aby ďalej izoloval hrniec a reguloval teplo. (Hľadajte ho v obchodoch s kuchynským riadom.)

Základná polenta sa môže okoreniť varením s vývarom alebo použitím mlieka namiesto vody. Na konci varenia vmiešajte trochu strúhaného syra, ak chcete.

4 šálky studenej vody

1 šálka nahrubo pomletej žltej kukuričnej krupice, najlepšie kamennej

2 lyžičky soli

2 polievkové lyžice nesoleného masla

1. V 2-litrovom hrnci prevarte 3 šálky vody.

2. Medzitým zmiešajte kukuričnú múku, soľ a zvyšnú 1 šálku vody v malej miske.

3. Zmes nalejte do vriacej vody a za stáleho miešania varte, kým zmes nezovrie. Znížte teplotu na minimum, prikryte a varte za občasného miešania, kým nie je polenta hustá a krémová, asi 30 minút. Ak je polenta príliš hustá, primiešame ešte trochu vody.

4. Vmiešame maslo. Ihneď podávajte.

Polenta so smotanou

Polenta alla Panna

Na 4 porcie

Jedného chladného zimného dňa v Miláne som sa zastavil na obed v rušnej trattorii. Jedálny lístok bol obmedzený, ale toto jednoduché, upokojujúce jedlo urobilo deň výnimočným. Ak máte čerstvú bielu alebo čiernu hľuzovku, nakrájajte ju na mascarpone a odstráňte syr.

Ak chcete zohriať servírovaciu misu alebo tanier, vložte ich na niekoľko minút do teplej (nie horúcej!) rúry alebo ich zalejte horúcou vodou v dreze. Pred pridaním jedla vysušte nádobu alebo tanier.

1 recept (asi 5 šálok) tepelne uvarený<u>Polenta</u>

1 šálka mascarpone alebo krému

Kúsok Parmigiano-Reggiano

1. Ak treba, pripravte polentu. Potom nalejte horúcu uvarenú polentu na teplý servírovací tanier.

2. Na vrch nanesieme mascarpone alebo zalejeme krémom. Pomocou škrabky na zeleninu s otočnou čepeľou ohoľte vrch parmigiany. Ihneď podávajte.

Polenta s ragú

Polenta al Ragù

Na 4 porcie

Kedysi malo mnoho severotalianskych rodín špeciálny medený hrniec nazývaný paiolo, v ktorom sa varila polenta, a okrúhla doska, na ktorej sa podávala. Je to vynikajúce pohodlné jedlo a celkom jednoduché, ak máte ragu a polentu pripravené vopred.

1 recept (asi 3 šálky)<u>Ragú Bolognese</u>

1 recept (asi 5 šálok) tepelne uvarený<u>Polenta</u>

½ šálky čerstvo nastrúhaného Parmigiano-Reggiano

1. Ak treba, pripravte si ragu a polentu.

2. Polentu vysypeme na teplý tanier. Do polenty urobte plytkú priehlbinu. Pridajte omáčku pomocou lyžice. Posypeme syrom a ihneď podávame.

Polenta Crostini, tri spôsoby

Namiesto chleba môžeme použiť plátky chrumkavej polenty<u>Crostini</u>). Podávajte ich s lahodným dresingom (pozri návrhy nižšie) ako predjedlo, ako prílohu k gulášu alebo ako základ pre pečené alebo pečené vtáky.

1 recept (asi 5 šálok) tepelne uvarený<u>Polenta</u>

1. Pripravíme si polentu. Hneď ako je polenta uvarená, pomocou gumenej stierky ju rozvaľkáme na hrúbku asi 1/2 cm na veľký plech. Pred použitím prikryte a nechajte vychladnúť, kým stuhne, najmenej 1 hodinu a až 3 dni.

2. Keď je pripravená na varenie, nakrájajte polentu na štvorce alebo iné tvary pomocou noža, sušienky alebo vykrajovačky. Kúsky sa dajú piecť, grilovať alebo vyprážať.

Zapečené crostini s polentou: Predhrejte rúru na 400 °F. Plech na pečenie vymastíme a rozložíme naň plátky polenty asi 1/2 cm od seba. Vrchy potrieme olejom. Pečte 30 minút alebo do chrumkava a jemne zlatistej farby.

Grilovaná alebo grilovaná polenta Crostini: Umiestnite gril alebo rošt na brojlery asi 4 cm od zdroja tepla. Predhrievajte gril alebo brojler. Plátky polenty potrieme z oboch strán olivovým olejom. Položte kúsky na stojan. Grilujte alebo grilujte, raz otočte, kým nebude chrumkavé a zlaté, asi 5 minút. Kúsky obrátime a opekáme na druhej strane ešte asi 5 minút.

Vyprážaná Polenta Crostini: Nepriľnavú panvicu veľmi zľahka potrite tenkou vrstvou kukuričného alebo olivového oleja. Zahrejte panvicu na strednom ohni. Kúsky polenty osušíme. Varte do zlatista, asi 5 minút. Otočte kúsky a varte, kým na druhej strane nezhnednú, ešte asi 5 minút.

Polentové sendviče

Panini di Polenta

Na 8 jedál

Tieto malé sendviče môžeme podávať ako predjedlo alebo ako prílohu. Pre trochu vkusu nakrájajte polentu vykrajovačmi na sušienky alebo vykrajovačkami.

1 recept (asi 5 šálok) Polenta, vyrobené bez masla

4 unce gorgonzoly, nakrájanej na tenké plátky

2 polievkové lyžice rozpusteného nesoleného masla

2 polievkové lyžice Parmigiano-Reggiano

1. Pripravíme si polentu. Hneď ako je polenta uvarená, pomocou gumenej stierky ju rozvaľkáme na hrúbku asi 1/2 cm na veľký plech. Pred použitím prikryte a nechajte vychladnúť, kým stuhne, najmenej 1 hodinu a až 3 dni.

2. Umiestnite rošt do stredu rúry. Predhrejte rúru na 400 °F. Veľký pekáč vymastíme maslom.

3. Polentu nakrájame na 16 štvorcov. Položte polovicu polentových plátkov na plech. Uložíme na ne plátky gorgonzoly. Navrch položte zvyšnú polentu a zľahka zatlačte na sendviče.

4. Vrchy potrieme maslom. Posypeme parmezánom. Pečte 10 až 15 minút alebo kým sa syr neroztopí. Podávajte teplé.

Polenta s tromi syrmi

Polenta con Tre Formaggi

Na 4 porcie

Valle d'Aosta je región na krajnom severozápade Talianska. Je známe vysokohorským podnebím a krásnymi lyžiarskymi svahmi, ako aj mliečnymi výrobkami, ako je Fontina Valle d'Aosta, polotvrdý syr vyrobený z kravského mlieka.

Mlieko dodáva tejto polente extra bohatosť. Maslo sa považuje za čestný syr.

2 šálky studenej vody

1 šálka nahrubo pomletej žltej kukuričnej krupice, najlepšie kamennej

1 lyžička soli

2 šálky studeného mlieka

½ šálky Fontina Valle d'Aosta, nasekané

¼ šálky čerstvo nastrúhaného Parmigiano-Reggiano

2 polievkové lyžice nesoleného masla

1. V 2-litrovej ťažkej panvici prevarte vodu.

2. Zmiešajte kukuričnú múku, soľ a mlieko v malej miske.

3. Do vriacej vody vsypeme kukuričnú zmes a za stáleho miešania varíme, kým zmes nezovrie. Znížte teplotu na minimum, prikryte a varte za občasného miešania asi 30 minút alebo kým nie je polenta hustá a krémová. Ak je polenta príliš hustá, primiešame ešte trochu vody.

4. Odstráňte panvicu z ohňa. Vmiešame syry a maslo, kým sa neroztopia. Ihneď podávajte.

Polenta s gorgonzolou a mascarpone

Na 4 až 6 jedál

Nebeský a bohatý, tento recept je z Lombardie, kde sa vyrába gorgonzola a mascarpone.

4 šálky studenej vody

1 šálka nahrubo pomletej žltej kukuričnej krupice, najlepšie kamennej

1/2 lyžičky soli

1/2 šálky mascarpone

1/2 šálky gorgonzoly, rozdrvenej

1. V 2-litrovom hrnci prevarte 3 šálky vody.

2. V malej miske zmiešajte kukuričnú múku, soľ a zvyšnú 1 šálku vody.

3. Do vriacej vody vsypeme kukuričnú zmes a za stáleho miešania varíme, kým zmes nezovrie. Znížte teplotu na minimum, prikryte a varte za občasného miešania asi 30 minút alebo kým nie je polenta hustá a krémová. Ak je polenta príliš hustá, primiešame ešte trochu vody.

4. Polentu stiahneme z ohňa. Vmiešame mascarpone a polovicu gorgonzoly. Nalejte do servírovacej misy a posypte zvyšnou gorgonzolou. Podávajte teplé.

Hubová polenta

Polenta s hubami

Na 6 jedál

Pancetta dodáva bohatú chuť, ale vynechajte ju, ak máte radšej bezmäsité jedlo. Zvyšky môžeme nakrájať na plátky a opiecť na troche olivového oleja alebo masla ako predjedlo alebo prílohu.

2 unce jemne nasekanej pancetty

1 malá cibuľa, nakrájaná nadrobno

2 polievkové lyžice olivového oleja

1 (10 uncový) balíček bielych húb, orezaných a nakrájaných na plátky

2 lyžice nasekanej čerstvej plochej petržlenovej vňate

Soľ a čerstvo mleté čierne korenie

4 šálky studenej vody

1 šálka nahrubo pomletej žltej kukuričnej krupice, najlepšie kamennej

1. Zmiešajte pancettu, cibuľu a olej vo veľkej panvici a varte, kým pancetta a cibuľa nie sú jemne zlaté, asi 10 minút. Pridajte huby

a petržlenovú vňať a varte, kým sa hubová tekutina neodparí, ešte asi 10 minút. Dochutíme soľou a korením.

2. V 2-litrovom hrnci prevarte 3 šálky vody.

3. V malej miske zmiešajte kukuričnú múku, 1/2 lyžičky soli a zvyšnú 1 šálku studenej vody.

4. Do vriacej vody vsypeme kukuričnú zmes a za stáleho miešania varíme, kým nezovrie. Znížte teplotu na veľmi nízku teplotu, prikryte a varte za občasného miešania, kým nie je polenta hustá a krémová, asi 30 minút. Ak je polenta príliš hustá, primiešame viac vody.

5. Nalejte obsah panvice do panvice na polentu. Zmes vylejeme na teplý tanier. Ihneď podávajte.

Polenta z pohánky a kukurice

Taragna polenta

Na 4 až 6 jedál

V Lombardii sa táto výdatná polenta vyrába z kombinácie kukuričnej krupice a pohánkovej múky. Pohánka dodáva zemitú chuť. Na konci varenia vmiešame miestny syr známy ako bitto. V Spojených štátoch som nikdy nevidel bitte, ale fontina a Gruyère sú dobré náhrady.

5 šálok studenej vody

4 polievkové lyžice nesoleného masla

1 šálka nahrubo pomletej žltej kukuričnej krupice, najlepšie kamennej

½ šálky pohánkovej múky

Soľ

4 unce Fontina alebo Gruyère

1. V 2-litrovom hrnci priveďte do varu 4 šálky vody a 2 polievkové lyžice masla.

2. V strednej miske zmiešajte kukuričnú múku, pohánkovú múku, 1/2 lyžičky soli a zvyšnú 1 šálku vody.

3. Do vriacej vody nasypeme kukuričnú zmes. Znížte teplo na veľmi nízku úroveň. Zakryte a varte za občasného miešania asi 40 minút alebo kým nie je polenta hustá a krémová. Ak je príliš hustá, v prípade potreby pridajte trochu vody.

4. Polentu stiahneme z ohňa. Vmiešame zvyšné 2 lyžice masla a syr. Ihneď podávajte.

Zapečená polenta so syrom

Polenta Cunsa

Na 8 jedál

Zostavte až 24 hodín pred varením, ale ak je v chladničke, zdvojnásobte čas varenia. Vyskúšajte aj Gruyère alebo Asiago.

5 šálok studenej vody

1 šálka nahrubo pomletej žltej kukuričnej krupice, najlepšie kamennej

1 lyžička soli

3 polievkové lyžice nesoleného masla

1 stredná cibuľa, nakrájaná

1 šálka čerstvo nastrúhaného Parmigiano-Reggiano

½ šálky rozdrobenej gorgonzoly

½ šálky strúhanej Fontina Valle d'Aosta

1. V 2-litrovom hrnci priveďte do varu 4 šálky vody. V miske zmiešajte kukuričnú múku, soľ a zvyšnú 1 šálku vody.

2. Zmes vlejeme do vriacej vody a za stáleho miešania varíme, kým zmes nezovrie. Znížte teplotu na minimum, prikryte a varte za občasného miešania asi 30 minút alebo kým nie je polenta hustá a krémová. Ak je polenta príliš hustá, primiešame ešte trochu vody.

3. Roztopte 2 lyžice masla v malej panvici na strednom ohni. Pridajte cibuľu a varte, miešajte, kým cibuľa nie je mäkká a zlatá, asi 10 minút. Do polenty nastrúhame cibuľu.

4. Umiestnite rošt do stredu rúry. Predhrejte rúru na 375 ° F. Pekáč s rozmermi 9 x 3 palce vymastíme maslom.

5. Do panvice nasypeme asi tretinu polenty. 1/4 šálky parmezánu si odložte na polevu. Polentu posypeme polovicou každého zvyšného syra v pekáči. Vytvorte druhú vrstvu z polenty a syra. Nalejte zvyšnú polentu a rovnomerne ju rozotrite.

6. Polentu posypte odloženou 1/4 šálkou parmigiany. Pokvapkáme zvyšným maslom. Pečte 30 minút alebo kým sa na okrajoch nevytvoria bubliny. Pred podávaním nechajte 10 minút odpočívať.

Zapečená polenta s klobásou Ragù

Polenta Pasticiato

Na 6 jedál

Je to niečo ako lasagne, kde cestoviny nahrádzajú vrstvy nakrájanej polenty.

Zaujímavý je názov polenta pasticciato. Pochádza z pasticciara, čo znamená urobiť neporiadok, a pasticciato tiež označuje jedlo vyrobené ako cestoviny so syrom a ragú.

   1 receptKlobása Ragù

8 šálok studenej vody

2 šálky nahrubo pomletej žltej kukuričnej krupice, najlepšie kamennej

1 polievková lyžica soli

8 uncí čerstvej mozzarelly

½ šálky čerstvo nastrúhaného Parmigiano-Reggiano

1. V prípade potreby pripravte ragú. Vo veľkom hrnci prevarte 6 šálok vody.

2. V strednej miske rozšľaháme kukuričnú múku, soľ a zvyšné 2 šálky vody.

3. Do vriacej vody vsypte kukuričnú zmes za stáleho miešania, kým zmes nezovrie. Znížte teplotu na minimum, prikryte a varte za občasného miešania asi 30 minút alebo kým nie je polenta hustá a krémová.

4. Veľký pekáč vymastíme maslom. Do panvice nasypeme polentu a gumenou stierkou ju rovnomerne rozotrieme na hrúbku 1/2 cm. Vychlaďte do stuhnutia, asi 1 hodinu, alebo prikryte a nechajte cez noc v chladničke.

5. Umiestnite rošt do stredu rúry. Predhrejte rúru na 400 °F. Vymastite 9-palcovú štvorcovú panvicu.

6. Polentu nakrájajte na 9 3-palcových štvorcov. Rozložte polovicu polenty na dno panvice. Lyžičkou nalejte polovicu omáčky a pridajte polovicu mozzarelly a Parmigiano-Reggiano. Zo zvyšných ingrediencií urobte druhú vrstvu.

7. Pečte 40 minút alebo kým polenta nezačne bublať a syr sa neroztopí. Pred podávaním nechajte 10 minút postáť.

Polenta "v reťaziach"

Polenta incatenata

Na 6 jedál

Raz sme si s manželom prenajali byt vo vile mimo Luccy v Toskánsku. Carlotta bola veselá hostiteľka, ktorá sa starala o pobyt a starala sa o to, aby všetko prebehlo hladko. Občas nás prekvapila nejakým domácim jedlom. Povedala mi, že táto výdatná polenta, miestna špecialita, mala byť „spútaná" na pásiky strúhanej zeleniny. Podávame ako vegetariánske hlavné jedlo alebo prílohu ku grilovanému mäsu. Je tiež veľmi dobré, ak sa nechá vychladnúť do tuha, potom sa nakrája a opečie do zlatista.

2 polievkové lyžice olivového oleja

1 strúčik cesnaku, nasekaný nadrobno

2 šálky strúhanej kapusty alebo kelu

4 šálky studenej vody

1 šálka nahrubo pomletej žltej kukuričnej krupice, najlepšie kamennej

1 1/2 lyžičky soli

2 šálky varených alebo konzervovaných fazúľ cannellini

Soľ a čerstvo mleté čierne korenie

½ šálky čerstvo nastrúhaného Parmigiano-Reggiano

1. Vo veľkej panvici varte olej a cesnak na strednom ohni, kým cesnak nie je zlatý, asi 2 minúty. Pridajte kapustu, prikryte a varte 10 minút alebo kým kapusta nezvädne.

2. Pridajte 3 šálky vody a priveďte do varu.

3. V malej miske zmiešajte kukuričnú múku, soľ a zvyšnú 1 šálku vody.

4. Nalejte zmes kukuričnej múčky do panvice. Varte za častého miešania, kým zmes nepríde do varu. Znížte teplotu na minimum, prikryte a varte 20 minút za občasného miešania.

5. Vmiešame fazuľu. Varte ďalších 10 minút alebo do zhustnutia a krému. Ak je zmes príliš hustá, pridajte trochu vody.

6. Odstráňte z tepla. Vmiešame syr a ihneď podávame.

Farro šalát

Insalata di Farro

Na 6 jedál

V Abruzzo sme si s manželom viackrát pochutnali na farro šalátoch, vrátane tohto s chrumkavými kúskami zeleniny a osviežujúcou mätou.

Soľ

1 1/2 šálky farro

1 šálka nadrobno nakrájanej mrkvy

1 šálka nadrobno nakrájaného zeleru

2 polievkové lyžice jemne nasekanej čerstvej mäty

2 zelené cibule, jemne nakrájané

1/3 šálky olivového oleja

1 polievková lyžica čerstvej citrónovej šťavy

Čerstvo mleté čierne korenie

1. Varte 6 šálok vody. Pridajte soľ podľa chuti, potom farro. Znížte teplotu na mierny oheň a varte, kým farro nie je mäkké, ale stále žuvacie, asi 15 až 30 minút. (Čas varenia sa môže líšiť; začnite ochutnávať po 15 minútach.) Dobre odkvapkajte.

2. Vo veľkej miske zmiešajte farro, mrkvu, zeler a mätu. V malej miske zmiešame olivový olej, citrónovú šťavu a korenie. Zálievkou zalejeme šalát a dobre premiešame. Ochutnajte a upravte korenie. Podávajte teplé alebo pri izbovej teplote.

Farro, štýl Amatrice

Farro all'Amatriciana

Na 8 jedál

Farro sa zvyčajne používa do polievok alebo šalátov, ale v tomto recepte z rímskeho vidieka sa zrno dusí v klasickej omáčke Amatriciana, ktorá sa zvyčajne používa na cestoviny.

Soľ

2 šálky farro

1/4 šálky olivového oleja

4 unce nasekanej pancetty

1 stredná cibuľa

1/2 šálky suchého bieleho vína

1 1/2 šálky čerstvých paradajok olúpaných, zbavených semienok a nakrájaných na kocky alebo scedených a nakrájaných konzervovaných paradajok

1/2 šálky čerstvo nastrúhaného Pecorino Romano

1. Varte 6 šálok vody. Pridajte soľ podľa chuti, potom farro. Znížte teplotu na mierny oheň a varte, kým farro nie je mäkké, ale stále žuvacie, 15 až 30 minút. (Čas varenia sa môže líšiť; začnite ochutnávať po 15 minútach.) Dobre odkvapkajte.

2. Na strednej panvici opečte olej, pancettu a cibuľu na miernom ohni za častého miešania, kým cibuľa nie je zlatá, asi 10 minút. Prilejeme víno a necháme zovrieť. Pridajte paradajky a farro. Priveďte do varu a varte, kým farro neabsorbuje časť omáčky, asi 10 minút. V prípade potreby pridajte trochu vody, aby ste zabránili prilepeniu.

3. Odstráňte z tepla. Pridajte syr a dobre premiešajte. Ihneď podávajte.

Farro, paradajka a syr

Grano, Pomodori a Cacio

Na 6 jedál

Pšeničné bobule, emmer, kamut alebo iné podobné zrná môžu byť varené týmto spôsobom, ak nemôžete nájsť farro. Zrnká príliš nesolte, pretože ricottový šalát môže byť slaný. Ak nie je k dispozícii, nahraďte Pecorino Romano. Tento recept pochádza z Apúlie na juhu.

Soľ

1 1/2 šálky farro

2 polievkové lyžice olivového oleja

1 malá cibuľa, nakrájaná nadrobno

8 uncí nakrájaných paradajok

4 unce ricottového šalátu, nahrubo nastrúhaného

1. Varte 6 šálok vody. Pridajte soľ podľa chuti, potom farro. Znížte teplotu a varte, kým farro nezmäkne, 15 až 30 minút. (Čas varenia sa môže líšiť; začnite ochutnávať po 15 minútach.) Dobre odkvapkajte.

2. Nalejte olej do stredne veľkej panvice. Pridajte cibuľu a varte za častého miešania, kým cibuľa nie je zlatá, asi 10 minút. Pridajte paradajky a soľ podľa chuti. Varte do mierneho zhustnutia, asi 10 minút.

3. Scedené farro vmiešame do paradajkovej omáčky. Pridajte syr a dobre premiešajte. Podávajte teplé.

Orzotto s krevetami a jačmeňom

Orzotto di Gamberi

Na 4 porcie

Hoci väčšina ľudí v Spojených štátoch si pod pojmom orzo predstaví drobné cestoviny v tvare semien, v taliančine orzo znamená „jačmeň". V regióne Friuli-Venezia Giulia na severe sa popol varí ako rizoto a konečné jedlo sa nazýva orzoto.

3 šálky<u>kuracia polievka</u>, zeleninová polievka alebo voda

2 polievkové lyžice nesoleného masla

1 polievková lyžica olivového oleja

1 malá cibuľa, nakrájaná nadrobno

1 malá mrkva nakrájaná nadrobno

½ šálky nadrobno nakrájaného zeleru

1 strúčik cesnaku, mletý

6 uncí (2/3 šálky) perličkového jačmeňa, opláchnutý a scedený

Soľ a čerstvo mleté čierne korenie

8 uncí kreviet, olúpaných a zbavených jadier

2 lyžice nasekanej čerstvej plochej petržlenovej vňate

1. Ak treba, pripravte polievku. V strednom hrnci rozpustite maslo s olejom na strednom ohni. Pridajte cibuľu, mrkvu, zeler a cesnak a varte dozlatista, asi 10 minút.

2. Pridajte petržlenovú vňať k zelenine v panvici a dobre premiešajte. Pridajte vývar, 1 lyžičku soli a korenie podľa chuti. Priveďte do varu a znížte teplo. Zakryte a varte za občasného miešania 30 až 40 minút, alebo kým jačmeň nezmäkne. Ak je zmes suchá, pridajte trochu vody.

3. Medzitým si nasekáme krevety a spolu s petržlenovou vňaťou ich vmiešame do jačmennej zmesi. Varte, kým krevety nie sú ružové, 2 až 3 minúty. Ochutnajte a upravte korenie. Ihneď podávajte.

Jačmeň a zeleninové orzotto

Orzotto di Verdure

Na 4 porcie

Na túto orzottu sa varia malé kúsky zeleniny s jačmeňom. Podávame ako prílohu alebo prvý chod.

4 šálky Mäsová polievka alebo kuracia polievka

4 polievkové lyžice nesoleného masla

1 malá cibuľa, nakrájaná nadrobno

1 šálka perličkového jačmeňa, opláchnuté a scedené

½ šálky čerstvého alebo mrazeného hrášku

½ šálky nakrájaných húb podľa vlastného výberu

¼ šálky jemne nasekanej červenej papriky

¼ šálky nadrobno nakrájaného zeleru

Soľ a čerstvo mleté čierne korenie

¼ šálky čerstvo nastrúhaného Parmigiano-Reggiano

1. Ak treba, pripravte polievku. Vo veľkom hrnci na strednom ohni roztopte 3 lyžice masla. Pridajte cibuľu a varte za častého miešania dozlatista, asi 10 minút.

2. Pridajte jačmeň a dobre premiešajte. Vmiešajte polovicu hrášku, šampiňónov, papriky a zeleru a varte 2 minúty alebo do zvädnutia. Zalejeme polievkou a privedieme do varu. Prikryjeme a varíme 20 minút.

3. Vmiešame zvyšnú zeleninu a dochutíme soľou a korením podľa chuti. Varte odkryté ďalších 10 minút alebo kým sa tekutina neodparí a jačmeň nezmäkne. Odstráňte z tepla.

4. Vmiešame zvyšnú lyžicu masla a syr. Ihneď podávajte.

Prosciutto a vajcia

Uova al Prosciutto

Na 2 porcie

Kamarát, s ktorým sme cestovali v Taliansku, držal diétu s vysokým obsahom bielkovín. Dostala sa do zvyku objednať si na raňajky tanier prosciutta. V jednom hostinci v toskánskom Montepulciane sa gazdiná spýtala, či by si dala k prosciuttu vajíčka. Môj priateľ povedal áno, pretože očakával, že dostane nejaké varené vajcia. Namiesto toho šéfkuchár prišiel čoskoro nato s individuálnou panvicou naplnenou šumiacim prosciuttom a vajcami zo slnečnej strany. Vyzeralo to a voňalo to tak dobre, že čoskoro si všetci v jedálni objednávali to isté, na veľké zdesenie unaveného kuchára.

Je to ideálny spôsob, ako spotrebovať prosciutto, ktoré je po okrajoch trochu vysušené. Vajíčka s prosciuttom podávame na neskoré raňajky s maslovou špargľou a pečenými paradajkami.

1 polievková lyžica nesoleného masla

4 až 6 tenkých plátkov dovážaného talianskeho prosciutta

4 veľké vajcia

Soľ a čerstvo mleté čierne korenie

1. V 9-palcovej nepriľnavej panvici rozpustite maslo na stredne nízkej teplote.

2. Vložte plátky prosciutta do panvice, mierne sa prekrývajú. Vajcia rozklepnite jedno po druhom do pohára a potom ich natlačte na prosciutto. Posypte soľou a korením.

3. Prikryte a varte na miernom ohni, kým vajcia nezmäknú podľa chuti, asi 2 až 3 minúty. Podávajte teplé.

Pečená špargľa s vajíčkami

Milánska špargľa

Na 2 až 4 porcie

Raz sa ma novinár spýtal, čo jem na večeru, keď si varím sám. Bez dlhého rozmýšľania som odpovedal špargľa s vajcami a parmezánom – to, čo Taliani nazývajú Milánsky. Je to také dobré a pritom také jednoduché. Toto je moja predstava komfortného jedla.

1 libra špargle

Soľ

3 polievkové lyžice nesoleného masla

Čerstvo mleté čierne korenie

½ šálky čerstvo nastrúhaného Parmigiano-Reggiano

4 veľké vajcia

1. Odrežte spodok špargle v mieste, kde sa stonka mení z bielej na zelenú. Vo veľkej panvici prevarte asi 2 cm vody. Pridajte špargľu a soľ podľa chuti. Varte, kým sa špargľa pri zdvihnutí od konca stonky mierne neohne, asi 4 až 8 minút. Čas varenia bude

závisieť od hrúbky špargle. Špargľu preložíme kliešťami do cedníka. Scedíme a potom vysušíme.

2. Umiestnite rošt do stredu rúry. Predhrejte rúru na 450 ° F. Maslom vymastíme veľký pekáč.

3. Špargľu poukladáme vedľa seba do zapekacej misy a mierne ich prekrývame. Potrieme 1 lyžicou masla, posypeme korením a syrom.

4. Pečte 15 minút alebo kým sa syr neroztopí a nezozlatne.

5. Vo veľkej nepriľnavej panvici rozpustite zvyšné 2 polievkové lyžice masla na strednom ohni. Keď maslová pena opadne, rozklepnite jedno vajce do pohára a potom ho opatrne vsuňte do panvice. Opakujte so zvyšnými vajíčkami. Posypte soľou a varte, kým vajcia nezmäknú podľa chuti, asi 2 až 3 minúty.

6. Špargľu rozdeľte na taniere. Na vrch položte vajíčka. Vrch polejeme šťavou z panvice a podávame horúce.

Vajcia pri čistení

Uova do očistca

Na 4 porcie

Keď som vyrastal, piatková večera u nás bola vždy bezmäsité jedlo. Naše jedlá boli založené na neapolskej kuchyni. Večera sa zvyčajne skladala z cestovín e fagioli (cestoviny a fazuľa), tuniakového šalátu alebo tých lahodných vajíčok uvarených v pikantnej paradajkovej omáčke, odtiaľ pochádza čarovný názov Vajcia v očistci. Toto je ideálne jedlo, keď nemáte veľa v špajzi a chcete niečo teplé a rýchle. Povinnou prílohou je chrumkavý chlieb.

2 polievkové lyžice olivového oleja

¼ šálky nadrobno nakrájanej cibule

2 šálky konzervovaného pelatasu, nakrájaného na plátky

4 lístky čerstvej bazalky natrhané na kúsky alebo štipka sušeného oregana

Štipka mletej červenej papriky (peperoncino)

Soľ

8 veľkých vajec

1. Nalejte olej do stredne veľkej panvice. Pridajte cibuľu a varte na strednom ohni, miešajte, kým nezmäkne a nezozlatne, asi 10 minút. Pridajte paradajky, bazalku, červenú papriku a soľ podľa chuti. Priveďte do varu a varte 15 minút alebo do zhustnutia.

2. Rozbite vajíčko do malej misky. Lyžicou urobte v paradajkovej omáčke priehlbinu. Vajíčka vtlačíme do omáčky. Pokračujte so zvyšnými vajíčkami.

3. Panvicu prikryte a varte, kým vajcia nezmäknú podľa chuti, 2 až 3 minúty. Podávajte teplé.

Vajcia v paradajkovej omáčke na marcový spôsob

Uova v Brodette

Na 2 porcie

Môj strýko Joe, ktorého rodina pochádza z regiónu Marche na východnom pobreží Talianska, mal špeciálny spôsob varenia vajec v paradajkovej omáčke. Jeho recept, aj keď podobný<u>Vajcia pri čistení</u>, obsahuje dotyk octu pre pikantnú chuť.

1 malá cibuľa, veľmi jemne nakrájaná

1 polievková lyžica čerstvej plochej petržlenovej vňate, veľmi jemne nasekanej

2 polievkové lyžice olivového oleja

1 1/2 šálky čerstvých paradajok olúpaných, zbavených semienok a nakrájaných na kocky alebo scedených a nakrájaných konzervovaných paradajok

1 až 2 polievkové lyžice bieleho vínneho octu

Soľ a čerstvo mleté čierne korenie

4 veľké vajcia

1. Na 9-palcovej nepriľnavej panvici kombinujte cibuľu, petržlenovú vňať a olej a varte na strednom ohni za občasného miešania, kým cibuľa nie je mäkká a zlatá, asi 10 minút.

2. Vmiešame paradajky, ocot, soľ a korenie podľa chuti. Varte 10 minút alebo kým omáčka nezhustne.

3. Rozbite vajíčko do malej misky. Lyžicou urobte v omáčke priehlbinu. Opatrne zhoďte vajíčko. Opakujte so zvyšnými vajíčkami. Posypte soľou a korením. Prikryte a varte, kým vajcia nezmäknú podľa chuti, 2 až 3 minúty. Podávajte teplé.

Vajíčka v piemontskom štýle

Uova al Cirighet

Na 4 porcie

Mnohé jedlá v Piemonte sa dochucujú cesnakom a ančovičkami nabrúsenými octom. Tu sú vajcia také pikantné a aromatické.

4 polievkové lyžice olivového oleja

4 filety sardel, scedené a nakrájané

2 lyžice nasekanej čerstvej plochej petržlenovej vňate

2 lyžice kapary, opláchnuté a scedené

2 strúčiky cesnaku, veľmi jemne nakrájané

2 listy šalvie, nasekané

Štipka mletej červenej papriky

1 lyžica červeného vínneho octu

1 až 2 čajové lyžičky čerstvej citrónovej šťavy

2 polievkové lyžice nesoleného masla

8 veľkých vajec

Soľ

1. V stredne veľkej panvici zmiešajte olej, ančovičky, petržlenovú vňať, kapary, cesnak, šalviu a drvenú červenú papriku. Varte na miernom ohni za častého miešania, kým sa ančovičky nerozpustia, 4 až 5 minút. Vmiešame ocot a citrónovú šťavu. Varte ešte 1 minútu.

2. Vo veľkej nepriľnavej panvici rozpustite maslo na strednom ohni. Keď maslová pena opadne, opatrne nalejte do panvice vajíčka. Posypte soľou a varte 2 až 3 minúty alebo kým vajcia nezmäknú podľa chuti.

3. Nalejte omáčku na vajcia. Ihneď podávajte.

Florentské vajcia

Uova alla Fiorentina

Na 4 porcie

Vajcia Florentine v Spojených štátoch sa často pripravujú s maslom a bohatou holandskou omáčkou. Toto je verzia, ktorú som mal vo Florencii. Špenát sa namiesto masla varí s cesnakom a olivovým olejom a na vajcia stačí len jemne posypať parmezánom. Je to oveľa ľahšia príprava, ideálna na bežné raňajky.

3 libry špenátu, pevné stonky odstránené

Soľ

2 polievkové lyžice olivového oleja

1 strúčik cesnaku, nasekaný nadrobno

Čerstvo mleté čierne korenie

8 vajec

2 polievkové lyžice čerstvo nastrúhaného Parmigiano-Reggiano

1. Špenát dobre umyte v niekoľkých výmenách studenej vody. Do veľkého hrnca vložte špenát, 1/2 šálky vody a štipku soli. Hrniec

prikryte a zapnite stredný oheň. Varte 5 minút alebo kým špenát nezvädne a nezmäkne. Špenát scedíme a vytlačíme prebytočnú vodu.

2. Nalejte olej do veľkej panvice. Pridajte cesnak a varte dozlatista, asi 2 minúty.

3. Vmiešame špenát a dochutíme soľou a korením podľa chuti. Varte za občasného miešania, kým sa nezahreje, asi 2 minúty.

4. Rozbite vajíčko do malej misky. Lyžicou urobte do špenátu priehlbinu. Vajíčko pretlačíme do jamky. Opakujte so zvyšnými vajíčkami.

5. Vajcia posypte soľou, korením a syrom. Panvicu prikryte a varte 2 až 3 minúty, alebo kým vajcia nezmäknú podľa chuti. Podávajte teplé.

Pečené vajcia so zemiakmi a syrom

Uova al Forno

Na 4 porcie

Neapolské pohodlné jedlo je najlepší spôsob, ako opísať tento vrstvený kastról zo zemiakov, syra a vajec, ktorý mi moja mama pripravovala, keď som bol dieťa.

1 libra univerzálnych zemiakov, ako je zlato Yukon

Soľ

1 polievková lyžica nesoleného masla

8 uncí čerstvej nakrájanej mozzarelly

4 veľké vajcia

Čerstvo mleté čierne korenie

2 polievkové lyžice Parmigiano-Reggiano

1. Zemiaky očistíme a ošúpeme. Nakrájajte ich na 1/4 palca hrubé plátky. Zemiaky vložte do stredného hrnca so studenou vodou, aby boli zakryté, a podľa chuti osoľte. Prikryjeme a privedieme

do varu. Varte, kým zemiaky po prepichnutí vidličkou nezmäknú, asi 10 minút. Zemiaky scedíme a mierne vychladíme.

2.Umiestnite rošt do stredu rúry. Predhrejte rúru na 400 °F. Namažte dno a boky 9-palcovej štvorcovej panvice. Plátky zemiakov poukladáme na plech a mierne ich prekrývame. Na zemiaky položte plátky syra. Vajcia rozbijte do malej misky a potom ich roztlačte do panvice na syr. Posypte soľou, korením a nastrúhaným parmigiano-reggiano.

3.Pečieme, kým vajcia nezmäknú podľa chuti, asi 15 minút. Podávajte teplé.

Papriky a vajcia

Pepperoni je len Uova

Na 4 porcie

Pečená paprika alebo zemiaky doplnené miešanými vajíčkami sú dobré na občerstvenie s grilovanými klobásami alebo sa podávajú plnené do plátkov chrumkavého talianskeho chleba ako klasické sendviče hero.

¼ šálky olivového oleja

2 stredne veľké červené papriky, nakrájané na kúsky

1 stredne veľká zelená paprika, nakrájaná na kúsky

1 malá cibuľa, nakrájaná na tenké plátky

Soľ

8 veľkých vajec

¼ šálky čerstvo nastrúhaného Parmigiano-Reggiano

Čerstvo mleté čierne korenie

1. Zahrejte olej na 9-palcovej nepriľnavej panvici na strednom ohni. Pridajte papriku, cibuľu a soľ podľa chuti. Varte za častého miešania, kým paprika nezhnedne, asi 20 minút. Prikryte a varte ďalších 5 minút, alebo kým paprika nezmäkne.

2. V stredne veľkej miske rozšľaháme vajcia so syrom a podľa chuti pridáme soľ a mleté korenie. Papriky zalejeme vajíčkami a necháme krátko stuhnúť. Papriky a vajcia otočte lopatkou alebo lyžicou tak, aby sa časť vajec dostala na povrch panvice. Nechajte vajcia stuhnúť a znova premiešajte. Opakujte miešanie a varenie, kým vajcia nezmäknú podľa chuti, asi 2 až 3 minúty. Podávajte teplé.

Zemiaky a vajcia

Patate con le Uuova

Na 4 porcie

Zemiaky miešané s vajíčkami sú klasickou kombináciou, ktorú nájdete v južnom Taliansku. Malé, na tenké plátky nakrájané papriky alebo cibuľa - alebo oboje - možno podľa potreby vyprážať spolu so zemiakmi. Podávajte s klobásami na neskoré raňajky alebo naplňte zemiaky a vajcia do talianskeho chleba ako hrdinský sendvič.

¼ šálky olivového oleja

4 voskové nové zemiaky, ošúpané a nakrájané na 1/4-palcové kolieska

Soľ

8 veľkých vajec

Čerstvo mleté čierne korenie

1. Zahrejte olej na 9-palcovej nepriľnavej panvici na strednom ohni. Plátky zemiakov osušte a vložte do panvice. Varte, často obracajte kúsky, kým zemiaky nezhnednú a nezmäknú, asi 10 minút. Posypte soľou.

2. V strednej miske rozšľaháme vajíčka so soľou a korením podľa chuti. Do panvice nalejeme vajíčka a necháme krátko stuhnúť. Zemiaky a vajcia otočte lopatkou alebo lyžicou tak, aby časť vajec vyšla na povrch panvice. Nechajte vajcia stuhnúť a znova premiešajte. Opakujte miešanie a varenie, kým vajcia nezmäknú podľa chuti, asi 2 až 3 minúty. Podávajte teplé.

Zapekacia misa s hubami a vajcami

Funghiho svokor

Na 4 porcie

Vajcia zmiešané s hubami sú dobré na ľahkú večeru alebo občerstvenie. Biele huby sú fajn, ale lesné huby dodávajú skvelú zemitú chuť.

3 polievkové lyžice nesoleného masla

1 malá cibuľa, nakrájaná nadrobno

2 šálky nakrájaných húb

Soľ a čerstvo mleté čierne korenie

8 veľkých vajec

1. V 9-palcovej nepriľnavej panvici roztopte maslo na strednom ohni. Pridajte cibuľu, huby a soľ a korenie podľa chuti. Varte za občasného miešania, kým huby jemne nezhnednú, asi 10 minút.

2. V strednej miske rozšľaháme vajíčka so soľou a korením podľa chuti. Zeleninu zalejeme vajíčkami a necháme krátko stuhnúť. Huby a vajíčka otočte lopatkou alebo lyžicou tak, aby sa časť

vajec dostala na povrch panvice. Nechajte vajcia stuhnúť a znova premiešajte. Opakujte miešanie a varenie, kým vajcia nezmäknú podľa chuti, asi 2 až 3 minúty. Podávajte teplé.

Frittata s cibuľou a rukolou

Frittata di Cipolle a Rughetta

Na 4 porcie

Jedného dňa prišiel na návštevu starý priateľ mojej matky z Palerma na Sicílii. Poznali sme ju ako Zia Millie, aj keď v skutočnosti nebola teta. Ponúkla sa, že nám k jedlu pripraví šalát a spýtala sa, či mám mäkkú cibuľu, napríklad červenú alebo bielu. Mal som len žltú cibuľu, ktorú zvyčajne používam na varenie, ale povedala, že to bude v poriadku. Cibuľu nakrájala na tenké plátky a niekoľkokrát namočila do studenej vody, čím sa zbavila silnej šťavy. V čase, keď sme boli pripravení jesť šalát, bola cibuľa sladká ako každá jemnejšia odroda. Často používam túto metódu, keď chcem jemnú cibuľovú chuť.

Táto frittata z Puglie je ochutená cibuľou a rukolou. Ak nemáte rukolu, nahraďte ju žeruchou alebo listovým špenátom.

2 stredné cibule, nakrájané na tenké plátky

3 polievkové lyžice olivového oleja

1 veľký zväzok rukoly, zbavené pevných stopiek, natrhané na malé kúsky (asi 2 šálky)

8 veľkých vajec

¼ šálky čerstvo nastrúhaného Parmigiano-Reggiano

Soľ a čerstvo mleté čierne korenie

1. Vložte cibuľu do misky so studenou vodou, aby ste ju zakryli. Nechajte stáť 1 hodinu, raz alebo dvakrát vymeňte vodu, kým cibuľa nie je sladká. Scedíme a vysušíme.

2. Nalejte olej do 9-palcovej nepriľnavej panvice. Pridajte cibuľu. Varte na miernom ohni za občasného miešania, kým cibuľa nie je mäkká a zlatá, asi 10 minút. Hádzajte rukolu, kým nezvädne, asi 1 minútu.

3. 3 V strednej miske rozšľahajte vajcia, syr a soľ a korenie podľa chuti. Nalejte vajcia na zeleninu v panvici a znížte oheň. Prikryte a varte, kým vajcia nestuhnú, ale v strede sú stále vlhké a frittata zospodu jemne nezhnedne, asi 5 až 10 minút.

4. Pomocou špachtle roztlačte frittatu na tanier. Prevráťte panvicu na tanier a rýchlo otočte tanier a panvicu tak, aby bola frittata späť na panvici, upečenou stranou nahor. Varte, kým nestuhne v strede, ešte asi 5 minút. Alebo, ak ho nechcete otáčať, zasuňte panvicu pod brojler na 3 až 5 minút, alebo kým vajcia nie sú hotové podľa chuti.

5. Položte frittatu na servírovací tanier a nakrájajte na mesiačiky. Podávajte horúce alebo pri izbovej teplote.

Frittata z cukety a bazalky

Cuketová frittata

Na 4 porcie

Moja mama pestovala cuketu na našom malom dvore v Brooklyne. Na vrchole sezóny rástli tak rýchlo, že ich sotva dokážeme dostatočne rýchlo spotrebovať. Vtedy mama urobila túto jednoduchú frittatu, ktorú sme jedli so šalátom z čerstvých paradajok. Domáce cukety, nie väčšie ako párok v rožku, boli jemné a aromatické, s drobnými semienkami a tenkou šupkou.

3 polievkové lyžice olivového oleja

2 až 3 malé cukety (asi 1 libra), olúpané a nakrájané na plátky

8 veľkých vajec

¼ šálky čerstvo nastrúhaného Parmigiano-Reggiano

6 lístkov čerstvej bazalky, zložených a nakrájaných na tenké prúžky

Soľ a čerstvo mleté čierne korenie

1. Zahrejte olej na 9-palcovej nepriľnavej panvici na stredne vysokú teplotu. Pridajte cuketu a varte za občasného otáčania kúskov, kým cuketa pekne nezhnedne, asi 12 minút.

2. Vo veľkej miske rozšľaháme vajcia, syr, bazalku a soľ a korenie podľa chuti. Znížte teplotu na strednú. Zmes nalejeme na cuketu. Zdvihnite okraje frittaty, keď tuhne, aby sa nevarené vajce dostalo na povrch panvice. Varte, kým vajcia nestuhnú, ale v strede sú stále vlhké a frittata zospodu jemne nezhnedne, asi 5 až 10 minút.

3. Posuňte frittatu na tanier a potom prevráťte panvicu na tanier. Rýchlo otočte tanier a panvicu tak, aby bola frittata uvarená stranou nahor. Varte, kým nestuhne v strede, ešte asi 5 minút. Alebo, ak ho nechcete otáčať, zasuňte panvicu pod brojler na 3 až 5 minút alebo do zhnednutia podľa chuti. Podávajte horúce alebo pri izbovej teplote.

4. Položte frittatu na servírovací tanier a nakrájajte na mesiačiky. Podávajte teplé alebo studené a podávajte studené.

Frittata so stovkou byliniek

Frittata s Cento Erbe

Na 4 porcie

Aj keď v tejto Friuli-Julian frittata zvyčajne používam iba päť alebo šesť bylín, ako už názov napovedá, možnosti sú oveľa väčšie a môžete použiť akékoľvek čerstvé bylinky, ktoré máte po ruke. Čerstvá petržlenová vňať je nevyhnutná, ale ak sú ostatné bylinky, ktoré máte po ruke, sušené, stačí použiť štipku, inak budú chutiť úžasne.

8 veľkých vajec

¼ šálky čerstvo nastrúhaného Parmigiano-Reggiano

2 polievkové lyžice jemne nasekanej čerstvej plochej petržlenovej vňate

2 polievkové lyžice jemne nasekanej čerstvej bazalky

1 lyžica nasekanej čerstvej pažítky

1 lyžička nasekaného čerstvého estragónu

1 lyžička nadrobno nasekaného čerstvého tymiánu

Soľ a čerstvo mleté čierne korenie

2 polievkové lyžice olivového oleja

1. Vo veľkej miske rozšľahajte vajcia, syr, bylinky a soľ a korenie podľa chuti, kým sa dobre nespoja.

2. V 9-palcovej nepriľnavej panvici zohrejte olej na strednom ohni. Nalejte vaječnú zmes do panvice. Zdvihnite okraje frittaty, keď tuhne, aby sa nevarené vajce dostalo na povrch panvice. Varte, kým vajcia nestuhnú, ale v strede sú stále vlhké a frittata zospodu jemne nezhnedne, asi 5 až 10 minút.

3. Posuňte frittatu na tanier a potom prevráťte panvicu na tanier. Rýchlo otočte tanier a panvicu tak, aby bola frittata uvarená stranou nahor. Varte, kým nestuhne v strede, ešte asi 5 minút. Alebo, ak ho nechcete otáčať, zasuňte panvicu pod brojler na 3 až 5 minút alebo do zhnednutia podľa chuti. Podávajte horúce alebo pri izbovej teplote.

Špenátová frittata

Špenátová frittata

Na 4 porcie

V tejto frittate môžete použiť špenát, escarole, mangold alebo inú zeleninu. Podávame s opečenými šampiňónmi a nakrájanými paradajkami.

1 libra čerstvého špenátu, nakrájaného

¼ šálky vody

Soľ

8 veľkých vajec

¼ šálky hustej smotany

½ šálky čerstvo nastrúhaného Parmigiano-Reggiano

2 polievkové lyžice nesoleného masla

1. Do veľkého hrnca vložte špenát, vodu a soľ podľa chuti. Prikryte a varte na strednom ohni, kým nezmäkne a nezvädne, asi 5 minút. Dobre sceďte. Trochu vychladnúť. Špenát vložte do kuchynskej utierky a vyžmýkajte, aby sa uvoľnila tekutina.

2. Vo veľkej mise vyšľaháme vajcia, smotanu, syr a soľ a korenie podľa chuti. Vmiešame špenát.

3. V 9-palcovej nepriľnavej panvici roztopte maslo na strednom ohni. Nalejte zmes do panvice. Zdvihnite okraje frittaty, keď tuhne, aby sa nevarené vajce dostalo na povrch panvice. Varte, kým vajcia nestuhnú, ale v strede sú stále vlhké a frittata zospodu jemne nezhnedne, asi 5 až 10 minút.

4. Posuňte frittatu na tanier a potom prevráťte panvicu na tanier. Rýchlo otočte tanier a panvicu tak, aby bola frittata uvarená smerom nahor. Varte, kým neztuhne v strede, ešte asi 5 minút. Alebo, ak ho nechcete otáčať, zasuňte panvicu pod brojler na 3 až 5 minút alebo do zhnednutia podľa chuti. Podávajte horúce alebo pri izbovej teplote.

Frittata s hubami a Fontina

Frittata di Funghi a Fontina

Na 4 porcie

Autentická Fontina Valle d'Aosta má drevitú hubovú vôňu a dokonale sa hodí ku každému hubovému jedlu. Použite lesné huby, ak ich uprednostňujete pred bielymi.

3 polievkové lyžice nesoleného masla

8 uncí húb, rozpolených alebo rozštvrtených, ak sú veľké

Soľ a čerstvo mleté čierne korenie

8 veľkých vajec

2 lyžice nasekanej čerstvej plochej petržlenovej vňate

4 unce Fontina Valle d'Aosta, nakrájané na plátky

1. V 9-palcovej nepriľnavej panvici roztopte maslo na strednom ohni. Pridajte huby a soľ a korenie podľa chuti. Varte za častého miešania, kým huby nezhnednú, asi 10 minút.

2. Vo veľkej mise rozšľaháme vajcia s petržlenovou vňaťou a soľou a korením podľa chuti. Znížte teplotu na strednú. Nalejte zmes

na huby. Zdvihnite okraje frittaty, keď tuhne, aby sa nevarené vajce dostalo na povrch panvice. Prikryte a varte, kým vajcia nestuhnú, ale v strede sú stále vlhké a frittata zospodu jemne nezhnedne, asi 5 až 10 minút.

3. Na vrch poukladáme plátky syra. Zasuňte panvicu pod brojler a varte 1 až 3 minúty, alebo kým sa syr neroztopí a vajcia sa uvaria podľa chuti. Alebo, ak chcete, panvicu prikryte a varte 3 až 5 minút, kým sa syr neroztopí a vajcia podľa chuti.

4. Posuňte frittatu na servírovací tanier. Podávajte teplé.

Neapolské špagety frittata

Frittata di Spaghetti

Na 6 jedál

Na rodinnom stretnutí pred pár rokmi začala vzdialená príbuzná rozprávať o svojich obľúbených receptoch. Opísala plochý zlatý cestovinový koláč plnený mäsom a syrom, ktorý si jej deti neustále pýtali. Zapísal som si jej návod a vyskúšal som to doma. Bolo to také dobré, ako povedala, a odvtedy som sa dozvedel, že je to tradičný neapolský recept. Aj keď by sa špagety dali vyrobiť len pre toto jedlo, tradične sa vyrábajú zo zvyškov.

8 veľkých vajec

½ šálky čerstvo nastrúhaného Parmigiano-Reggiano alebo Pecorino Romano

Soľ a čerstvo mleté čierne korenie

12 uncí špagiet alebo iných cestovín, uvarených a scedených

4 unce krájanej salámy, dovezeného talianskeho prosciutta alebo šunky, nakrájanej na tenké prúžky

2 polievkové lyžice olivového oleja

8 uncí mozzarelly, nakrájanej na tenké plátky

1. Vo veľkej miske vyšľaháme vajcia, syr a soľ a korenie podľa chuti. Vmiešame špagety a salámu.

2. Zahrejte olej na 9-palcovej nepriľnavej panvici na strednom ohni. Pridajte polovicu špagetovej zmesi. Prikryjeme plátkami syra. Nalejte zvyšnú cestovinovú zmes na syr.

3. Znížte teplo na minimum. Uvarte špagety, povrch občas uhlaďte, aby cestoviny priľnuli a vytvorili koláč. Asi po 5 minútach prejdite špachtľou po okraji formy a jemne nadvihnite koláč, aby ste sa uistili, že sa neprilepí. Varte, kým vajcia nestuhnú a frittata zospodu jemne nezhnedne, asi 15 až 20 minút.

4. Posuňte frittatu na tanier a potom prevráťte panvicu na tanier. Rýchlo otočte tanier a panvicu tak, aby bola frittata uvarená stranou nahor. Varte, kým nestuhne v strede, ešte asi 5 minút. Alebo, ak ho nechcete otáčať, zasuňte panvicu pod brojler na 3 až 5 minút alebo do zhnednutia podľa chuti. Podávajte horúce alebo pri izbovej teplote.

Cestovinová frittata

Frittata di Pasta

Na 4 porcie

Akékoľvek zvyšky cestovín môžete recyklovať na túto lahodnú frittatu. Či už sú cestoviny obyčajné alebo ochutené paradajkami, mäsovou omáčkou alebo zeleninou, táto frittata vždy dopadne skvele. Zaimprovizujte pridaním nakrájaných párkov, šunky, syra alebo nejakej nakrájanej varenej zeleniny. Na množstvách naozaj nezáleží.

6 veľkých vajec

½ šálky čerstvo nastrúhaného Parmigiano-Reggiano

Soľ a čerstvo mleté čierne korenie

8 uncí varených cestovín, s omáčkou alebo bez omáčky

2 polievkové lyžice olivového oleja

1. Vo veľkej miske vyšľaháme vajcia, syr a soľ a korenie podľa chuti. Vmiešame uvarené cestoviny.

2. Zahrejte olej na 9-palcovej nepriľnavej panvici na strednom ohni. Pridajte cestovinovú zmes a roztlačte ju naplocho. Varte, kým vajcia nestuhnú, ale v strede sú stále vlhké a frittata zospodu jemne nezhnedne, asi 10 minút.

3. Posuňte frittatu na tanier a potom prevráťte panvicu na tanier. Rýchlo otočte tanier a panvicu tak, aby bola frittata uvarená stranou nahor. Varte, kým nestuhne v strede, ešte asi 5 minút. Alebo, ak ho nechcete otáčať, zasuňte panvicu pod brojler na 3 až 5 minút alebo do zhnednutia podľa chuti. Podávajte horúce alebo pri izbovej teplote.

Malé omelety

Frittatina

Na 6 jedál

Miniatúrne omelety grilované ako palacinky sa skvele hodia ako súčasť predjedla alebo ako náplň do sendvičov. Táto verzia s pórom a kapustou je z Piemontu.

Asi 1/4 šálky olivového oleja

3 šálky jemne nakrájanej kapusty

1 stredný pór, orezaný a nakrájaný na tenké plátky

6 veľkých vajec

1/2 šálky čerstvo nastrúhaného Parmigiano-Reggiano

1/2 lyžičky soli

Čerstvo mleté čierne korenie

1. V 9-palcovej ťažkej nepriľnavej panvici zohrejte 3 lyžice oleja na stredne nízkej teplote. Vmiešame kapustu a pór. Panvicu prikryte a za občasného miešania varte, kým kapusta nezmäkne, asi 30 minút. Necháme vychladnúť.

2. V strednej miske rozšľaháme vajcia, syr a soľ a korenie podľa chuti. Vmiešame zeleninovú zmes.

3. Mriežku alebo veľkú nepriľnavú panvicu zľahka naolejujte. Zahrejte na strednom ohni.

4. Miešajte vajcovú zmes a nalejte 1/4 šálky na panvicu, pričom omelety rozmiestnite asi 4 palce od seba. Zadnou stranou lyžice mierne sploštíme. Varte, kým vajcia nestuhnú a omelety nezačnú na dne hnednúť, asi 2 minúty. Pomocou obracačky na palacinky omelety obrátime a opekáme z druhej strany ešte asi 1 minútu. Omelety položte na tanier.

5. Rovnakým spôsobom uvaríme zvyšok omelety. Podávajte horúce alebo pri izbovej teplote.

Frittata s ricottou a kvetmi cukety

Frittata di Fiori a Ricotta

Na 4 porcie

Kvety cukety sú nielen krásne, ale aj chutné na jedenie – čo Taliani dobre poznajú. Na mojom miestnom farmárskom trhu bolo v jednu sobotu množstvo cuketových kvetov. Kúpila som si na vyprážanie a vyprážanie, ale zostalo mi dosť, tak som urobila túto frittatu so zvyšnými kvetmi. Bolo to jemné a chutné; Odvtedy som to urobil na brunch mnohokrát.

Dá sa to urobiť aj len z ricotty, ak nemáte cuketové kvety.

2 polievkové lyžice nesoleného masla

6 tekvicových alebo iných kvetov tekvice, umytých a vysušených

6 veľkých vajec, rozšľahaných

¼ šálky čerstvo nastrúhaného Parmigiano-Reggiano

Soľ a čerstvo mleté korenie

1 šálka ricotty

1. V 9-palcovej nepriľnavej panvici roztopte maslo na strednom ohni. Cuketové kvety položte na panvicu v tvare kolieska.

2. V strednej miske rozšľaháme vajíčka, parmigán a soľ a korenie podľa chuti. Opatrne nalejte zmes na kvety bez toho, aby ste ich premiešali. Lyžicou nalejte ricottu na panvicu. Zdvihnite okraje frittaty, keď tuhne, aby sa nevarené vajce dostalo na povrch panvice. Varte, kým vajcia nestuhnú, ale v strede sú stále vlhké a frittata zospodu jemne nezhnedne, asi 5 až 10 minút.

3. Posuňte frittatu na tanier a potom prevráťte panvicu na tanier. Rýchlo otočte tanier a panvicu tak, aby bola frittata uvarená stranou nahor. Varte, kým nestuhne v strede, ešte asi 5 minút. Alebo, ak ho nechcete otáčať, zasuňte panvicu pod brojler na 3 až 5 minút, alebo kým vajcia nie sú hotové podľa chuti. Podávajte horúce alebo pri izbovej teplote.

Omeletové prúžky v paradajkovej omáčke

Fettuccine z Frittata

Na 4 porcie

Žiadne cestoviny? BEZ problémov. Vytvorte tenkú frittatu a nakrájajte ju na pásiky, aby pripomínali fettuccine. Hoci je toto jedlo v celom Taliansku známe ako fettuccine di frittata, v Ríme sa toto jedlo nazýva trippe finte, čo znamená falošné držky, pretože prúžky vajec pri varení pripomínajú droby. Podávajte na obed alebo večeru s akoukoľvek sezónnou zeleninou alebo zeleným šalátom.

2 šálky<u>Čerstvá paradajková omáčka</u>alebo<u>Toskánska paradajková omáčka</u>

8 veľkých vajec

¼ šálky čerstvo nastrúhaného Parmigiano-Reggiano a viac na servírovanie

1 lyžica nasekanej čerstvej plochej petržlenovej vňate

1 lyžička soli

Čerstvo mleté čierne korenie

2 polievkové lyžice nesoleného masla

1. V prípade potreby pripravte paradajkovú omáčku. Potom umiestnite stojan do stredu rúry. Predhrejte rúru na 400 °F. Pekáč s rozmermi 13 x 9 x 2 palce bohato vymastite maslom.

2. V strednej miske rozšľahajte vajcia, 1/4 šálky syra, petržlenovú vňať a soľ a korenie podľa chuti. Nalejte vaječnú zmes do pripravenej panvice. Pečte 8 až 10 minút, alebo kým vajcia nestuhnú a nôž vložený do stredu nevyjde čistý.

3. Prejdite nožom po okraji panvice. Vajíčka vyklopte na dosku na krájanie. Omeletu nakrájajte na 1/2-palcové pásiky.

4. Na 9-palcovej nepriľnavej panvici zohrejte omáčku na miernom ohni, kým sa neroztopí. Prúžky vajíčok vtlačíme do omáčky. Varte 2 až 3 minúty za mierneho miešania. Podávame horúce so strúhaným syrom.

Morský vlk s olivovými strúhankami

Branzino alle Olive

Na 4 porcie

Olivovníky rastú v hojnosti po celom Toskánsku. Väčšina olív sa lisuje na výrobu oleja, no kuchári majú stále k dispozícii množstvo chutných olív. Tu dochucujú strúhanku posypanú na filety z morského vlka.

¾ šálky obyčajnej suchej strúhanky, najlepšie domácej

⅓ šálky jemne nasekaných jemných čiernych olív

1 strúčik cesnaku, nasekaný nadrobno

1 lyžica nasekanej čerstvej plochej petržlenovej vňate

1 lyžička strúhanej citrónovej kôry

Soľ

Čerstvo mleté čierne korenie

Asi 1/4 šálky olivového oleja

1 1/2 libry filety z morského vlka alebo inej pevnej bielej ryby bez kože

1. Umiestnite rošt do stredu rúry. Predhrejte rúru na 450 ° F. Naolejujte veľký pekáč.

2. Do misky dáme strúhanku, olivy, cesnak, petržlenovú vňať, citrónovú kôru, štipku soli a čierneho korenia podľa chuti. Pridajte olivový olej a dobre premiešajte.

3. Usporiadajte ryby v jednej vrstve na panvici. Na vrch filé posypeme strúhankou.

4. Pečieme 8 až 10 minút, v závislosti od hrúbky ryby, alebo kým strúhanka nezozlatne a ryba nebude na najhrubšej časti takmer nepriehľadná. Ihneď podávajte.

Morský vlk s hubami

Branzino alla Romana

Na 4 porcie

Vloženie chutnej plnky medzi dve vykostené rybie filé je dobrý spôsob, ako získať chuť plnenej ryby bez toho, aby ste sa museli zaoberať kosťami. Dá sa použiť akékoľvek väčšie rybie filé, napríklad losos, kanica alebo modrá ryba. Vyberte dva filety rovnakej veľkosti a tvaru.

4 polievkové lyžice olivového oleja

3 zelené cibule, nakrájané

1 strúčik cesnaku, nasekaný

8 uncí bielych húb, nakrájaných na plátky a nasekané

2 filety sardel, nakrájané na kocky

Soľ a čerstvo mleté čierne korenie

½ šálky suchého bieleho vína

2 lyžice nasekanej čerstvej plochej petržlenovej vňate

2 polievkové lyžice obyčajnej strúhanky

2 filety z morského vlka, kanice alebo podobne tvarovanej modrej ryby (asi 3/4 libry každý), odstránená koža

1. Umiestnite rošt do stredu rúry. Predhrejte rúru na 400 °F. Vymastite dostatočne veľký plech na pečenie, aby ste tam mohli umiestniť zložené filety.

2. Do veľkej panvice nalejte 3 lyžice oleja. Pridajte zelenú cibuľu a cesnak a varte na strednom ohni, kým nezmäknú, asi 5 minút. Vmiešajte huby, ančovičky a soľ a korenie podľa chuti. Varte 5 minút, občas premiešajte. Pridajte víno a varte 15 minút alebo kým sa tekutina neodparí. Odstavíme z ohňa a vmiešame petržlenovú vňať a strúhanku.

3. Vložte jeden filet kožou nadol do panvice.

4. Asi dve tretiny hubovej zmesi rozotrieme na filety v panvici. Navrch položíme druhý filet kožou nadol a navrch rozotrieme zvyšnú hubovú zmes. Pokvapkáme zvyšnou lyžicou oleja.

5. Pečieme 15 až 20 minút, v závislosti od hrúbky, alebo kým ryba nie je po prerezaní v najhrubšej časti takmer nepriehľadná. Podávajte teplé.

Filety z kambaly s olivovou pastou a paradajkami

Kosoštvorec s olivovými cestovinami

Na 4 porcie

Veľká nádoba pasty z čiernych olív privezená domov z Talianska a niekoľko zrelých paradajok ma inšpirovali k vymysleniu tohto lahodného receptu.

1 1/2 libry kambala, morský ostriež alebo iné hrubé filety z bielej ryby

2 polievkové lyžice pasty z čiernych olív alebo veľmi jemne nasekaných jemných čiernych olív

2 stredne veľké paradajky, nakrájané na kocky

6 lístkov čerstvej bazalky zrolovaných a priečne nakrájaných na tenké prúžky

1. Umiestnite rošt do stredu rúry. Predhrejte rúru na 450 ° F. Vymastite dostatočne veľký plech na pečenie, aby ste mohli filety umiestniť v jednej vrstve.

2. Filety poukladajte v jednej vrstve na plech. Filety potrieme olivovou pastou. Na ryby poukladajte paradajky a bazalku.

3. Pečieme 8 až 10 minút, v závislosti od hrúbky, kým ryba nie je po prerezaní v najhrubšej časti takmer nepriehľadná. Ihneď podávajte.

Pečená treska

Merluzzo alla Griglia

Na 4 porcie

Red snapper, grouper a mahi-mahi sú ďalšími dobrými voľbami pre túto základnú pečenú rybu. Podávané s<u>Zemiaková kaša s olivami a petržlenovou vňaťou</u>a<u>Brokolica s olejom a citrónom</u>.

11/2 libry čerstvých filé z tresky

3 polievkové lyžice olivového oleja

2 polievkové lyžice červeného vínneho octu

2 strúčiky cesnaku, nakrájané na tenké plátky

1 lyžička sušeného oregana, drveného

Soľ a čerstvo mleté čierne korenie

2 lyžice nasekanej čerstvej plochej petržlenovej vňate

1 citrón, nakrájaný na kolieska

1. Zahrejte brojler na vysokú teplotu. Plech na pečenie dostatočne veľký na to, aby sa doň zmestila ryba v jednej vrstve. Vložte rybu do panvice.

2. Zmiešajte olej, ocot, cesnak, oregano a soľ a korenie podľa chuti. Zmesou nalejte rybie filé. Posypeme polovicou petržlenovej vňate.

3. Rybu pečieme 8 až 10 minút, v závislosti od hrúbky, alebo kým nebude takmer nepriehľadná, keď je narezaná v najhrubšej časti. Posypeme zvyšnou petržlenovou vňaťou. Podávame horúce s kolieskami citróna.

Ryby v "bláznivej vode"

Pesce v Acqua Pazza

Na 4 porcie

Prečo sa tento neapolský spôsob varenia rýb nazýva šialená voda, nie je isté, ale pravdepodobne ide o odkaz na morskú vodu, ktorú kedysi rybári používali na varenie svojich čerstvých úlovkov. Aj keď sa táto metóda zvyčajne používa na varenie celých rýb, zistil som, že funguje dobre aj s filé. Použite pevnú odrodu, ktorá si pri varení udrží svoj tvar.

3 polievkové lyžice olivového oleja

1 strúčik cesnaku, nakrájaný na tenké plátky

4 cherry paradajky, nakrájame na polovice, zbavíme semienok a nakrájame

1 lyžica nasekanej čerstvej plochej petržlenovej vňate

Štipka mletej červenej papriky

½ šálky vody

Soľ podľa chuti

1 1/2 libry pevných rybích filé, ako je morský vlk, kambala alebo halibut

1. Nalejte olivový olej do veľkej panvice. Pridajte cesnak a varte na strednom ohni dozlatista, asi 5 minút. Pridajte paradajky, petržlenovú vňať, červenú papriku, vodu a soľ podľa chuti. Varte a varte 5 minút.

2. Pridajte ryby na panvicu a zalejte ich omáčkou. Prikryte a varte 5 až 10 minút, alebo kým ryba nebude po narezaní na najhrubšiu časť takmer nepriehľadná. Podávajte teplé.

Modrá ryba s citrónom a mätou

Pesce Azzurro al Limone

Na 4 porcie

Keďže majú vyšší obsah tuku ako iné odrody, ryby s tmavým mäsom, ako je modrá ryba, majú silnejšiu chuť. Južní Taliani ich varia v lahodnej a osviežujúcej marináde s cesnakom, mätou a citrónom.

2 veľké strúčiky cesnaku nakrájané nadrobno

3 polievkové lyžice olivového oleja

¼ šálky čerstvej citrónovej šťavy

½ lyžičky čerstvo nastrúhanej citrónovej kôry

Soľ a čerstvo mleté čierne korenie podľa chuti

¼ šálky nasekanej čerstvej mäty

1½ libry filé z modrej ryby alebo makrely

1. V plytkej miske zmiešajte cesnak, olivový olej, citrónovú šťavu, kôru a soľ a korenie. Vmiešame mätu. Pridajte rybu, filé otočte tak, aby boli obalené zo všetkých strán. Prikryte a marinujte 1 hodinu v chladničke.

2. Predhrejte brojler. Rybu vložte do panvice na brojlery kožou nadol. Filety varíme 8 až 10 minút v závislosti od hrúbky ryby, pričom ich raz polejeme marinádou, alebo kým nie sú jemne hnedé a v najhrubšej časti sotva nepriehľadné. Rybu nie je potrebné otáčať. Podávajte teplé.

Polstrovaná podrážka

Sogliole Ripiene

Na 4 porcie

Prítomnosť hrozienok, píniových oriešok a kapár v tejto lahodnej náplni je zvyčajne znakom sicílskej kuchyne, hoci tento recept pochádza z Ligúrie. Bez ohľadu na pôvod, náplň rozžiari obyčajné biele rybie filé. Vyberte si veľké tenké filety, ako je morský jazyk alebo platesa.

½ šálky obyčajnej strúhanky

2 polievkové lyžice píniových oriešok

2 polievkové lyžice hrozienok

2 lyžice kapary, opláchnuté a scedené

1 lyžica nasekanej čerstvej plochej petržlenovej vňate

1 malý strúčik cesnaku nasekaný nadrobno

3 polievkové lyžice olivového oleja

2 polievkové lyžice čerstvej citrónovej šťavy

Soľ a čerstvo mleté čierne korenie

4 veľké soley, platýs alebo iné tenké filety (asi 11/2 libry)

1. Umiestnite rošt do stredu rúry. Predhrejte rúru na 400 °F. Naolejujte veľký pekáč.

2. Zmiešame strúhanku, píniové oriešky, hrozienka, kapary, petržlenovú vňať a cesnak. Pridajte 2 lyžice oleja, citrónovú šťavu a soľ a korenie podľa chuti.

3. 2 polievkové lyžice strúhankovej zmesi si odložíme bokom. Zvyšok rozdeľte na polovicu každého filé. Preložte filé, aby ste uzavreli náplň. Poukladajte filé na plech. Posypeme odloženou strúhankovou zmesou. Pokvapkáme zvyšnou 1 lyžicou oleja.

4. Pečieme 6 až 8 minút, alebo kým nebude na najhrubšej časti takmer nepriehľadná. Podávajte teplé.

Podrážky s bazalkou a mandľami

Sogliola con Basilico e Mandorle

Na 4 porcie

Andrea Felluga z vinárstva Livio Felluga si nás s manželom zobral pod krídla a ukázal nám jeho furlansko-julský vidiek. Jedným z nezabudnuteľných miest, ktoré sme navštívili, bol Gradež na pobreží Jadranského mora. Gradež, ktorý sa nachádza na ostrove, bol útočiskom pre rímskych občanov neďalekej Aquileie, ktorí utekali pred útokom Attilu Huna v piatom storočí. Dnes je to pobrežné letovisko, hoci sa zdá, že ho navštevuje len málo Talianov, ktorí sa namiesto toho hrnú do neďalekých Benátok. Takto pripravenú pražmu sme jedli v reštaurácii Colussi, živej reštaurácii s typickými regionálnymi jedlami.

4 veľké soley, platýs alebo iné tenké filety (asi 1 1/2 libry)

Soľ a čerstvo mleté čierne korenie

6 lístkov čerstvej bazalky, nasekaných nadrobno

2 polievkové lyžice nesoleného masla, rozpusteného

1 polievková lyžica čerstvej citrónovej šťavy

¼ šálky nakrájaných mandlí alebo píniových oriešok

1. Umiestnite rošt do stredu rúry. Predhrejte rúru na 350 ° F. Malý pekáč vymastíme maslom.

2. Filety z podrážky rozrežte pozdĺžne na polovicu. Filety položíme kožou nahor na rovný povrch a posypeme soľou a korením. Posypeme polovicou bazalky, maslom a citrónovou šťavou. Začnite na širšom konci a zrolujte kúsky ryby. Vložte rolky do pekáča švom nadol. Pokvapkáme zvyšnou citrónovou šťavou a maslom. Navrch posypeme zvyšnou bazalkou a vlašskými orechmi.

3. Rybu pečieme 15 až 20 minút, alebo kým nebude nepriehľadná, keď ju narežete v najhrubšej časti. Podávajte teplé.

Marinovaný tuniak na sicílsky spôsob

Tony Condito

Na 4 porcie

Tuniak v tomto recepte je len jemne dusený a potom ochutený čerstvými bylinkami a korením. Toto by bolo chladné a osviežujúce letné jedlo podávané na šalátovom lôžku alebo rukole so zemiakovým šalátom.

1 1/4-librové steaky z tuniaka, hrubé asi 3/4 palca

2 polievkové lyžice červeného vínneho octu

Soľ

3 až 4 polievkové lyžice extra panenského olivového oleja

1 strúčik cesnaku, nasekaný nadrobno

2 lyžice nasekanej čerstvej plochej petržlenovej vňate

1 lyžica nasekanej čerstvej mäty

1/2 lyžičky drvenej červenej papriky

1. Naplňte hrniec, ktorý sa hodí na stojan na parný hrniec, 1/2 palca vody. Varte vodu. Medzitým si nakrájame tuniaka na 1/2 cm hrubé pásiky. Usporiadajte ryby na stojane parného hrnca. Umiestnite stojan do hrnca. Hrniec prikryte a nechajte tuniaka v pare 3 minúty alebo kým stred nezružovie. Hotovosť skontrolujte tak, že urobíte malý rez v najhrubšej časti ryby.

2. V hlbokej miske rozšľaháme ocot a soľ. Pridáme olej, cesnak, bylinky a mletú červenú papriku. Vmiešame kúsky tuniaka.

3. Pred podávaním necháme asi 1 hodinu postáť.

Špízový tuniak s pomarančom

Spiedini di Tonno

Na 4 porcie

Každú jar sa sicílski rybári schádzajú na la mattanza, lov tuniakov. Tento rituálny rybársky maratón zahŕňa mnoho malých člnov naplnených mužmi, ktorí lovia migrujúcich tuniakov v sérii stále menších sietí, kým ich nechytia. Potom sú obrovské ryby zabité a odvlečené na člny. Proces je namáhavý a muži pri práci spievajú špeciálne piesne, ktoré historici siahajú až do stredoveku alebo ešte skôr. Hoci sa táto prax vytráca, stále existuje niekoľko miest pozdĺž severného a západného pobrežia, kde sa la mattanza odohráva.

Sicílčania majú nespočetné množstvo spôsobov varenia tuniaka. Vôňa pomaranča a grilovaných byliniek tu predznamenáva lákavú chuť kúskov rýb s pevným mäsom.

1 1/2 libry steakov z čerstvého tuniaka, mečiara alebo lososa (asi 1 palec hrubý)

1 pupkový pomaranč, nakrájaný na 16 kusov

1 malá červená cibuľa, nakrájaná na 16 kusov

2 polievkové lyžice olivového oleja

2 polievkové lyžice čerstvej citrónovej šťavy

1 polievková lyžica nasekaného čerstvého rozmarínu

Soľ a čerstvo mleté čierne korenie

6 až 8 bobkových listov

1. Nakrájajte tuniaka na 1 1/2-palcové kúsky. Vo veľkej mise zmiešajte kúsky tuniaka, pomaranča a červenej cibule s olivovým olejom, citrónovou šťavou, rozmarínom a soľou a korením podľa chuti.

2. Umiestnite gril alebo rošt na brojlery asi 5 palcov od zdroja tepla. Predhrievajte gril alebo brojler.

3. Na 8 špíz striedavo ukladáme tuniaka, plátky pomaranča, cibuľu a bobkový list.

4. Pečte alebo grilujte, kým tuniak nezhnedne, asi 3 až 4 minúty. Otočte špízy a varte, kým zvonku nezhnednú a v strede budú stále ružové, asi ešte 2 minúty, alebo kým nie sú hotové podľa chuti. Podávajte teplé.

Tuniak a paprika grilované na spôsob molic

Tonno a Peperoni

Na 4 porcie

Paprika a čili sú jedným z charakteristických znakov varenia v štýle Molic. Toto jedlo som si najskôr nechal pripraviť s makrelou, ktorá je podobná makrele, no často ju pripravujem s tuniakovými steakmi alebo mečiarom.

4 červené alebo žlté papriky

4 steaky z tuniaka (každý s hrúbkou asi 3/4 palca)

2 polievkové lyžice olivového oleja

Soľ a čerstvo mleté čierne korenie

1 polievková lyžica čerstvej citrónovej šťavy

2 lyžice nasekanej čerstvej plochej petržlenovej vňate

1 malé jalapeno alebo iné čerstvé čili, nadrobno nakrájanú alebo drvenú červenú papriku podľa chuti

1 strúčik cesnaku, nasekaný nadrobno

1. Umiestnite grilovací rošt alebo panvicu na brojlery asi 5 palcov od zdroja tepla. Pripravte stredne horúci gril na grile alebo predhrejte brojlera.

2. Papriky grilujte alebo opekajte za častého otáčania, kým šupka nie je pľuzgierovitá a jemne zuhoľnatená, asi 15 minút. Vložte papriku do misy a prikryte fóliou alebo plastovou fóliou.

3. Steaky z tuniaka potrieme olejom a podľa chuti osolíme a okoreníme. Rybu grilujte alebo opekajte, kým z jednej strany nezhnedne, asi 2 minúty. Rybu otočte kliešťami a varte, kým na druhej strane nezhnedne, ale v strede bude stále ružová, asi ešte 2 minúty, alebo kým nebude hotová podľa chuti. Hotovosť skontrolujte tak, že urobíte malý rez v najhrubšej časti ryby.

4. Papriky zbavte jadierok a odstráňte semienka. Papriky nakrájajte na 1/2-palcové pásiky a vložte do misy. Dochutíme 2 lyžicami oleja, citrónovou šťavou, petržlenovou vňaťou, čili, cesnakom a soľou podľa chuti. Jemne premiešame.

5. Rybu nakrájajte na 1/2-palcové plátky. Plátky poukladajte tak, aby sa mierne prekrývali na servírovací tanier. Na vrch posypeme paprikou lyžičkou. Podávajte teplé.

Grilovaný tuniak s citrónom a oreganom

Tonno alla Griglia

Na 4 porcie

Keď som prvýkrát navštívil Sicíliu v roku 1970, nebolo tam veľa reštaurácií; všetky tie, ktoré existovali, podávali rovnaké menu. Takto pripravené steaky z tuniaka či mečiara som jedol prakticky na každý obed a večeru. Našťastie bol vždy dobre pripravený. Sicílčania krájajú rybie steaky len asi 1/2 palca, ale ja ich mám radšej asi 1 palec hrubé, aby sa tak ľahko neprepečili. Tuniak je najlepší – vlhký a jemný – keď je uvarený do červena až ružova v strede, zatiaľ čo mečiar by mal byť len jemne ružový. Pretože má chrupavku, ktorú je potrebné zjemniť, môže sa žralok variť o niečo dlhšie.

4 steaky z tuniaka, mečiara alebo žraloka, hrubé asi 1 cm

Olivový olej

Soľ a čerstvo mleté čierne korenie

1 polievková lyžica čerstvo vylisovanej citrónovej šťavy

1/2 lyžičky sušeného oregana

1. Umiestnite gril alebo rošt na brojlery asi 5 palcov od zdroja tepla. Predhrievajte gril alebo brojler.

2. Steaky poriadne potrieme olejom a dochutíme soľou a korením podľa chuti.

3. Rybu grilujte, kým z jednej strany jemne nezhnedne, 2 až 3 minúty. Obráťte rybu a varte, kým jemne nezhnedne, ale vo vnútri stále ružová, asi 2 minúty alebo kým nebude hotová podľa chuti. Hotovosť skontrolujte tak, že urobíte malý rez v najhrubšej časti ryby.

4. V malej miske zmiešajte 3 lyžice olivového oleja, citrónovú šťavu, oregano a soľ a korenie podľa chuti. Steaky z tuniaka polejte zmesou citrónovej šťavy a ihneď podávajte.

Steaky z tuniaka pečené na dube

Tonno alla Griglia

Na 4 porcie

Strúhanka vytvorí na týchto rybích steakoch pekný chrumkavý povlak.

4 (1 cm hrubé) steaky z tuniaka alebo mečiara

¾ šálky obyčajnej suchej strúhanky

1 lyžica nasekanej čerstvej plochej petržlenovej vňate

1 lyžica nasekanej čerstvej mäty alebo 1 lyžička sušeného oregana

Soľ a čerstvo mleté čierne korenie

4 polievkové lyžice olivového oleja

Plátky citróna

1. Predhrejte brojler. Naolejujte panvicu na brojlery. Do misky premiešajte strúhanku, petržlenovú vňať, mätu a soľ a korenie podľa chuti. Vmiešame 3 lyžice oleja alebo toľko, aby omrvinky navlhčili.

2. Umiestnite rybie steaky do panvice na brojlery. Rybu posypte polovicou strúhanky a poklepte ju.

3. Steaky grilujte asi 6 palcov od tepla 3 minúty alebo kým omrvinky nezhnednú. Steaky opatrne obrátime kovovou vareškou a posypeme zvyšnou strúhankou. Grilujte ďalšie 2 až 3 minúty alebo kým stred už nebude ružový alebo varený podľa chuti. Hotovosť skontrolujte tak, že urobíte malý rez v najhrubšej časti ryby.

4. Pokvapkáme zvyšnou 1 lyžicou oleja. Podávame horúce s kolieskami citróna.

Pečený tuniak s rukolovým pestom

Tonno al Pesto

Na 4 porcie

Pikantná chuť rukoly a svetlo smaragdovo zelená farba tejto omáčky skvele dopĺňa čerstvého tuniaka či mečiara. Toto jedlo je dobré aj pri studenej izbovej teplote.

4 steaky z tuniaka, hrubé asi 1 cm

Olivový olej

Soľ a čerstvo mleté čierne korenie

Rukolové pesto

1 zväzok rukoly, umytej a odstopkovanej (asi 2 šálky zľahka zabalené)

½ šálky ľahko zabalenej čerstvej bazalky

2 strúčiky cesnaku

½ šálky olivového oleja

Soľ a čerstvo mleté čierne korenie

1. Rybu potrieme trochou oleja a podľa chuti soľou a korením. Zakryte a nechajte v chladničke, kým nebude pripravený na varenie.

2. Na prípravu pesta: Rukolu, bazalku a cesnak zmiešajte v kuchynskom robote a spracujte, kým nie sú nasekané nadrobno. Pomaly pridajte olej a spracujte do hladka. Soľ a korenie podľa chuti. Prikryte a nechajte stáť 1 hodinu pri izbovej teplote.

3. Zahrejte 1 lyžicu oleja na veľkej nepriľnavej panvici na strednom ohni. Pridajte plátky tuniaka a opekajte 2 až 3 minúty z každej strany, alebo kým zvonku nezhnedne, ale v strede bude stále ružový, alebo kým sa neuvarí podľa chuti. Hotovosť skontrolujte tak, že urobíte malý rez v najhrubšej časti ryby.

4. Podávajte tuniaka horúceho alebo pri izbovej teplote, pokvapkaného rukolovým pestom.

Kastról s tuniakom a fazuľou Cannellini

Stufato di Tonno

Na 4 porcie

V zime varím viac mäsa ako plodov mora, pretože mäso sa mi zdá uspokojivejšie, keď je chladné počasie. Výnimkou je tento guláš z čerstvých mäsitých steakov z tuniaka a fazule. Má všetky dobroty rebier a dobrú chuť fazuľového guláša, ale bez mäsa, takže je ideálny pre ľudí, ktorí uprednostňujú bezmäsité jedlá.

2 polievkové lyžice olivového oleja

1 1/2 libry čerstvého tuniaka (1 palec hrubý), nakrájaného na 1 1/2 palcové kúsky

Soľ a čerstvo mleté čierne korenie podľa chuti

1 veľká červená alebo zelená paprika, nakrájaná na kúsky

1 šálka konzervovaných pelat, scedených a nasekaných

1 veľký strúčik cesnaku, nasekaný nadrobno

6 lístkov čerstvej bazalky, natrhaných na kúsky

1 (16 uncí) cannellini fazuľa, opláchnutá a scedená, alebo 2 šálky uvarenej suchej fazule

1. Olej zohrejte vo veľkej panvici na strednom ohni. Kúsky tuniaka osušte papierovými utierkami. Keď je olej horúci, pridajte kúsky tuniaka bez toho, aby ste preplnili panvicu. Varte, kým kúsky zvonku jemne nezhnednú, asi 6 minút. Tuniaka preložíme na tanier. Posypte soľou a korením.

2. Pridajte papriky na panvicu a za občasného miešania varte, kým nezačnú hnednúť, asi 10 minút. Pridajte paradajky, cesnak, bazalku a soľ a korenie. Necháme prevrieť. Pridajte fazuľu, prikryte a znížte teplotu na minimum. Varte 10 minút.

3. Vmiešajte tuniaka a varte, kým tuniak nie je v strede jemne ružový, ešte asi 2 minúty, alebo kým sa neuvarí podľa chuti. Hotovosť skontrolujte tak, že urobíte malý rez v najhrubšej časti ryby. Podávajte teplé.

Sicílsky mečúň s cibuľou

Pesce Spada a Sfinciuni

Na 4 porcie

Sicílski kuchári pripravujú lahodnú pizzu zvanú sfinciuni, slovo odvodené z arabčiny, ktoré znamená „ľahká" alebo „vzdušná". Pizza má hrubú, ale svetlú kôrku a je pokrytá cibuľou, ančovičkami a paradajkovou omáčkou. Tento tradičný recept na mečiara pochádza z tejto pizze.

3 polievkové lyžice olivového oleja

1 stredná cibuľa, nakrájaná na tenké plátky

4 filety sardel, nakrájané na kocky

1 šálka čerstvých paradajok olúpaných, zbavených semienok a nakrájaných na kocky alebo scedených a nakrájaných konzervovaných paradajok

Štipka sušeného oregana, rozdrveného

Soľ a čerstvo mleté čierne korenie podľa chuti

4 steaky z mečiara, hrubé asi 3/4 palca

2 polievkové lyžice obyčajnej suchej strúhanky

1. Do stredne veľkej panvice nalejte 2 polievkové lyžice oleja. Pridajte cibuľu a varte, kým nezmäkne, asi 5 minút. Vmiešajte ančovičky a varte ďalších 5 minút, alebo kým nebudú veľmi mäkké. Pridáme paradajky, oregano, soľ a korenie a dusíme 10 minút.

2. Umiestnite rošt do stredu rúry. Predhrejte rúru na 350 ° F. Plech na pečenie dostatočne veľký na to, aby sa doň zmestila ryba v jednej vrstve.

3. Steaky z mečiara osušte. Vložte ich do pripravenej panvice. Posypte soľou a korením. Pridajte omáčku pomocou lyžice. Posypeme strúhankou zvyšnou 1 polievkovou lyžicou oleja. Omáčku posypeme strúhankou.

4. Pečte 10 minút alebo kým ryba nie je v strede jemne ružová. Hotovosť skontrolujte tak, že urobíte malý rez v najhrubšej časti ryby. Podávajte teplé.

Mečiar s artičokmi a cibuľou

Pesce patrí do Carciofi

Na 4 porcie

Artičoky sú obľúbenou sicílskou zeleninou. Darí sa im v horúcich a suchých podmienkach Sicílie a ľudia ich pestujú vo svojich domácich záhradách ako okrasnú rastlinu. Sicílska odroda nedorastá do takej veľkosti ako obri, ktorých tu občas vidím na trhoch, a sú oveľa jemnejšie.

2 stredné artičoky

2 polievkové lyžice olivového oleja

4 hrubé steaky z mečiara, tuniaka alebo žraloka

Soľ a čerstvo mleté čierne korenie

2 stredné cibule

4 filety sardel, nakrájané na kocky

¼ šálky paradajkovej pasty

1 šálka vody

½ lyžičky sušeného oregana

1. Nakrájajte artičoky až po stredný kužeľ bledozelených listov. Pomocou malého nožíka odlúpnite spodnú časť a stonky artičokov. Odrežte konce stoniek. Artičoky prekrojíme pozdĺžne na polovicu. Vytiahnite tlmiče. Srdiečka nakrájame na tenké plátky.

2. Olej zohrejte vo veľkej panvici na strednom ohni. Mečiara osušíme a opekáme, kým z oboch strán nezhnedne, asi 5 minút. Posypte soľou a korením. Vyberte rybu na tanier.

3. Pridajte cibuľu a artičoky do panvice. Varte na miernom ohni za častého miešania, kým cibuľa nezvädne, asi 5 minút. Zmiešajte ančovičky, paradajkový pretlak, vodu, oregano a soľ a korenie podľa chuti. Priveďte do varu a znížte teplo. Varte 20 minút alebo kým zelenina nezmäkne, občas premiešajte.

4. Zatlačte zeleninu k vonkajšiemu okraju panvice a vráťte rybu do panvice. Rybu polejeme omáčkou. Varte 1 až 2 minúty alebo kým sa ryba neprehreje. Ihneď podávajte.

Meč v štýle Messiny

Pesce Spada Messinese

Na 4 porcie

Vo vodách okolo Sicílie sa loví vynikajúci mečúň a Sicílčania majú nespočetne veľa spôsobov, ako ho pripraviť. Ryby jeme surové, nakrájané na tenké plátky v akomsi carpacciu alebo pomleté na párky, ktoré sa varia v paradajkovej omáčke. Kocky mečiara sa sypú na cestoviny, vyprážajú ako mäso alebo na grile. Toto je klasický recept z Messiny na východnom pobreží Sicílie.

1 libra varených zemiakov

2 polievkové lyžice olivového oleja

1 veľká cibuľa, nakrájaná

½ šálky čiernych olív bez kôstok, nahrubo nasekaných

2 lyžice kapary, opláchnuté a scedené

2 šálky ošúpaných paradajok zbavených semienok a nakrájaných na kocky alebo scedených a na kocky nakrájaných konzervovaných paradajok

Soľ a čerstvo mleté čierne korenie

2 polievkové lyžice nasekanej plochej petržlenovej vňate

4 steaky z mečiara s hrúbkou 1 cm

1. Zemiaky umyte a vložte ich do hrnca so studenou vodou, aby boli zakryté. Priveďte vodu do varu a varte, kým zemiaky nezmäknú, asi 20 minút. Scedíme, necháme mierne vychladnúť a potom zemiaky ošúpeme. Nakrájajte ich najemno.

2. Nalejte olej do veľkej panvice. Pridajte cibuľu a varte na strednom ohni za častého miešania, kým nezmäkne, asi 10 minút. Vmiešame olivy, kapary a paradajky. Dochutíme soľou a korením. Varte do mierneho zhustnutia, asi 15 minút. Vmiešame petržlenovú vňať.

3. Umiestnite rošt do stredu rúry. Predhrejte rúru na 425 ° F. Lyžicou nalejte polovicu omáčky do zapekacej misy dostatočne veľkej na to, aby sa ryba zmestila do jednej vrstvy. Mečiara poukladajte na plech a posypte soľou a korením. Na vrch položte zemiaky, plátky mierne prekrývajú. Všetko zalejeme zvyškom omáčky.

4. Pečte 10 minút, alebo kým ryba nebude v strede jemne ružová a omáčka bude bublať. Podávajte teplé.

Zvitky meča

Rollatini di Pesce Spada

Na 6 jedál

Rovnako ako teľacie alebo kuracie rezne, veľmi tenké plátky mäsitého mečiara je dobré zabaliť do plnky a grilovať alebo opekať. Náplň obmieňajte pridaním hrozienok, nasekaných olív alebo píniových orieškov.

1 1/2 libier mečúňa, nakrájané na veľmi tenké plátky

¾ šálky obyčajnej suchej strúhanky

2 lyžice kapary, umyté, nakrájané a scedené

2 lyžice nasekanej čerstvej plochej petržlenovej vňate

1 veľký strúčik cesnaku, nasekaný nadrobno

Soľ a čerstvo mleté čierne korenie

¼ šálky olivového oleja

2 polievkové lyžice čerstvej citrónovej šťavy

1 citrón, nakrájaný na kolieska

1. Umiestnite gril alebo rošt na brojlery asi 5 palcov od zdroja tepla. Predhrievajte gril alebo brojler.

2. Odstráňte kožu z mečúňa. Plátky umiestnite medzi dva listy plastového obalu. Jemne rozdrvte plátky na rovnomernú hrúbku 1/4 palca. Rybu nakrájajte na kúsky s rozmermi 3 × 2 palce.

3. V strednej miske zmiešajte strúhanku, kapary, petržlenovú vňať, cesnak a soľ a korenie podľa chuti. Pridajte 3 polievkové lyžice oleja a miešajte, kým omrvinky nie sú rovnomerne navlhčené.

4. Na jeden koniec jedného kúska ryby položte lyžicu strúhankovej zmesi. Rybu zvinieme a uzavrieme špáradlom. Rolky poukladáme na tanier.

5. Zmiešajte citrónovú šťavu a zvyšný olej. Zmesou potrieme rolky. Rybu posypeme zvyšnou strúhankovou zmesou a poklepeme, aby sa prilepila.

6. Rolky grilujte 3 až 4 minúty z každej strany, alebo kým nezhnednú, pri stlačení sú pevné a v strede sú jemne ružové. Mali by byť trochu riedke. Hotovosť skontrolujte tak, že urobíte malý rez v najhrubšej časti ryby. Podávame horúce s kolieskami citróna.

Pečená kambala so zeleninou

Rombo al Forno con Verdure

Na 4 porcie

Kalábria má dlhé pobrežie pozdĺž Stredozemného mora. V lete je tento región obľúbený u Talianov a ďalších Európanov, ktorí hľadajú lacný plážový útek. Raz sme s manželom išli pozdĺž pobrežia neďaleko Scalea a jedli sme v miestnej reštaurácii s veľkou pecou na chlieb. Keď sme dorazili, kuchár odložil veľké panvice so zeleninou opečenou na olivovom oleji a pokrytou čerstvou bielou rybou. Zelenina zhnedla a naplnila ryby ich lahodnou chuťou. Doma používam kambalu, keď ju nájdem, dobré by boli aj iné steaky z bielej ryby.

1 červená paprika nakrájaná na 1-palcové kúsky

1 stredná cuketa, nakrájaná na 1-palcové kúsky

1 stredný baklažán nakrájaný na 1-palcové kúsky

4 stredne uvarené zemiaky nakrájané na 1-palcové kúsky

1 stredná cibuľa, nakrájaná na 1-palcové kúsky

1 bobkový list

¼ šálky plus 1 polievková lyžica olivového oleja

Soľ a čerstvo mleté čierne korenie

4 hrubé filety z kambaly, halibuta alebo inej bielej ryby

1 polievková lyžica citrónovej šťavy

2 lyžice nasekanej čerstvej plochej petržlenovej vňate

1. Umiestnite rošt do stredu rúry. Predhrejte rúru na 425 ° F. Vyberte dostatočne veľký plech na pečenie, aby ste mohli umiestniť ryby a zeleninu v jednej vrstve, alebo použite dva menšie plechy na pečenie. Na panvici zmiešame papriku, cuketu, baklažán, zemiaky, cibuľu a bobkové listy. Pokvapkáme 1/4 šálky olivového oleja a dochutíme soľou a korením podľa chuti. Dobre premiešajte.

2. Zeleninu restujte 40 minút, alebo kým nebude jemne hnedá a mäkká.

3. Rybie steaky položte na tanier a posypte ich zvyšnou 1 lyžicou oleja, citrónovou šťavou, petržlenovou vňaťou a podľa chuti soľou a korením. Zeleninu zatlačte na vonkajší okraj panvice a pridajte rybu. Pečieme ďalších 8 až 10 minút v závislosti od hrúbky ryby, kým nie je po rozrezaní na najhrubšiu časť sotva nepriehľadná. Podávajte teplé.

Na panvici vyprážaný morský vlk s cesnakovou zeleninou

Branzino alle Verdure

Na 4 porcie

Hrozienka a zelenina s cesnakovou príchuťou, ako je švajčiarsky mangold, špenát a escarole, sú obľúbenou kombináciou od Ríma až po južné Taliansko. Tento recept bol inšpirovaný jedlom môjho priateľa, šéfkuchára Maura Mafriciho, ktoré podáva zeleninu s chrumkavým vyprážaným rybím filé a opekanými zemiakmi.

1 zväzok escarole (asi 1 libra)

3 polievkové lyžice olivového oleja

3 strúčiky cesnaku, nakrájané na tenké plátky

Štipka mletej červenej papriky

¼ šálky hrozienok

Soľ

1¼ libry čílskeho morského vlka, tresky alebo iného pevného filetu bez kože s hrúbkou asi 1½ palca

1. Oddeľte listy a šúľance niekoľkokrát umyte v studenej vode, pričom osobitnú pozornosť venujte stredovým bielym rebrám, kde sa zhromažďujú nečistoty. Zložte listy a nakrájajte ich priečne na 1-palcové prúžky.

2. Do veľkého hrnca nalejte 2 polievkové lyžice olivového oleja. Pridajte cesnak a červenú papriku. Varte na strednom ohni, kým cesnak nie je zlatý, asi 2 minúty.

3. Pridajte escarole, hrozienka a štipku soli. Hrniec prikryjeme a varíme za občasného miešania, kým eskarol nezmäkne, asi 10 minút. Ochutnajte a upravte korenie.

4. Rybu opláchnite a osušte. Posypte kúsky soľou a korením. Na strednej nepriľnavej panvici zohrejte zvyšnú lyžicu oleja na strednom ohni. Pridajte kúsky ryby kožou nahor. Varte, kým ryba nie je zlatohnedá, 4 až 5 minút. Panvicu prikryte a varte ďalšie 2 až 3 minúty, alebo kým ryba nebude v strede takmer nepriehľadná. Hotovosť skontrolujte tak, že urobíte malý rez v najhrubšej časti ryby. Rybu nie je potrebné otáčať.

5. Pomocou štrbinovej lyžice preneste eskarolu na 4 servírovacie taniere. Upečenú rybu položíme navrch, stranou nahor. Podávajte teplé.

Scrod s pikantnou paradajkovou omáčkou

Merluzzo v Salsa di Pomodoro

Na 4 porcie

Túto rybu sme jedli u neapolských priateľov v sprievode Falanghiny, lahodného bieleho vína z tejto oblasti. Kuskus sa perfektne hodí k rybám.

2 polievkové lyžice olivového oleja

1 stredná cibuľa, nakrájaná na tenké plátky

Štipka mletej červenej papriky

2 šálky na kocky nakrájaných konzervovaných paradajok so šťavou

Štipka sušeného oregana, rozdrveného

Soľ

1 1/4 libry filé z kanice alebo kanice, nakrájané na porcie

½ lyžičky strúhanej citrónovej kôry

1. Nalejte olej do stredne veľkej panvice. Pridajte cibuľu a červenú papriku. Varte na miernom ohni za častého miešania, kým cibuľa

nie je mäkká a zlatá, asi 10 minút. Pridáme paradajky, oregano a soľ a dusíme, kým omáčka nezhustne, asi 15 minút.

2.Rybu umyte a osušte, potom posypte soľou. Pridajte ryby na panvicu a zalejte ich omáčkou. Prikryte a varte 8 až 10 minút, v závislosti od hrúbky ryby, až kým nebude takmer nepriehľadná, keď ju nakrájate na najhrubšiu časť.

3.Pomocou dierovanej lyžice preneste rybu na servírovací tanier. Ak ryba pustila veľa tekutiny, zvýšte oheň pod panvicou a za častého miešania varte, kým omáčka nezhustne.

4.Odstráňte omáčku z ohňa a vmiešajte citrónovú kôru. Rybu polejeme omáčkou a ihneď podávame.

Carpaccio z lososa

Carpaccio z lososa

Na 4 porcie

Carpaccio zvyčajne označuje plátky surového hovädzieho mäsa tenké ako papier podávané so smotanovou ružovou omáčkou. Recept vraj vytvoril asi pred sto rokmi jeden benátsky reštaurátor, ktorý chcel rozmaznávať svojho obľúbeného klienta, ktorému lekár odporučil vyhýbať sa vareným jedlám. Reštaurátor pomenoval jedlo po Vittore Carpacciovi, maliarovi, ktorého diela boli v tom čase vystavené.

Dnes sa termín carpaccio používa pre potraviny nakrájané na tenké plátky, surové aj varené. Tieto tenké lososové kotlety sa pečú len na jednej strane, aby zostali vlhké a zachovali si svoj tvar.

4 šálky žeruchy

3 polievkové lyžice extra panenského olivového oleja

1 polievková lyžica čerstvej citrónovej šťavy

½ lyžičky strúhanej citrónovej kôry

Soľ a čerstvo mleté čierne korenie

1 libra filé z lososa, nakrájané na tenké plátky ako kotlety

1 zelená cibuľa, jemne nakrájaná

1. Opláchnite žeruchu v niekoľkých výmenách studenej vody. Odstráňte tvrdé stonky a listy dôkladne osušte. Nakrájajte na kúsky veľkosti sústa a vložte do misky.

2. V miske zmiešame 2 lyžice oleja, citrónovú šťavu, kôru a soľ a korenie podľa chuti.

3. Na veľkej nepriľnavej panvici zohrejte 1 lyžicu oleja na vysokú teplotu. Pridajte toľko rýb, koľko je v jednej vrstve. Varte, kým zospodu jemne nezhnednú, ale navrchu budú stále riedke, asi 1 minútu. Pomocou veľkej špachtle vyberte lososa z panvice a otočte ho opečenou stranou nahor na veľký servírovací tanier. Posypeme soľou a korením podľa chuti a polovicou zelenej cibule. Zvyšný losos uvaríme rovnakým spôsobom a pridáme na tanier. Navrch posypeme zvyšnou cibuľou.

4. Zálievkou prelejeme žeruchu. Položte šalát na lososa. Ihneď podávajte.

Steaky z lososa s borievkami a červenou cibuľou

Losos al Ginepro

Na 4 porcie

Plody borievky sú typickou príchuťou ginu a často sa používajú na dochutenie dusenej zveriny. Nájdete ich na mnohých trhoch, kde sa predávajú gurmánske koreniny. V tomto lososovom jedle, ktoré som mal prvýkrát v Benátkach, sa varí sladká červená cibuľa a borievka, kým sa cibuľa neroztopí a nestane sa omáčkou pre lososa.

3 polievkové lyžice olivového oleja

4 steaky z lososa, hrubé asi 3/4 palca

Soľ a čerstvo mleté čierne korenie

2 stredné červené cibule, nakrájané na tenké plátky

½ lyžičky borievky

½ šálky suchého bieleho vína

1. Olej zohrejte na strednej panvici na strednom ohni. Osušte steaky z lososa a vložte ich do panvice. Varte do zhnednutia, asi 3 minúty. Steaky z lososa otočíme a opekáme z druhej strany asi

2 minúty. Steaky vyberte na tanier pomocou špachtle. Posypte soľou a korením.

2. Do panvice pridajte cibuľu, borievky a soľ podľa chuti. Prilejeme víno a necháme zovrieť. Znížte teplotu a zakryte panvicu. Varte 20 minút alebo kým cibuľa nezmäkne.

3. Vráťte steaky z lososa na panvicu a na rybu premiešajte cibuľu. Teplotu nastavte na strednú. Prikryte a varte ešte asi 2 minúty, alebo kým ryba nie je po narezaní na najhrubšiu časť takmer nepriehľadná. Ihneď podávajte.

Losos s jarnou zeleninou

Losos Primavera

Na 4 porcie

Losos nepatrí medzi stredomorské ryby, no v posledných rokoch sa do Talianska vo veľkom dováža zo severnej Európy a stal sa veľmi obľúbeným v talianskej kuchyni. Tento recept na Pečený losos s jarnou zeleninou bol špeciálnym jedlom v reštaurácii v Miláne.

Zeleninu obmieňajte, ale uistite sa, že používate veľmi veľkú panvicu, aby ste ju mohli rozložiť do plytkej vrstvy. Ak sú príliš preplnené, zelenina sa namiesto hnedej rozmočí. Používam panvicu na želé s rozmermi 15 x 10 x 1 palca. Ak nemáte jeden dostatočne veľký, rozdeľte suroviny do dvoch menších pekáčov.

4 stredne veľké červené alebo biele voskové zemiaky

1 šálka ošúpanej a nakrájanej detskej mrkvy

8 celých šalotiek alebo 2 malé cibule, olúpané

3 polievkové lyžice olivového oleja

Soľ a čerstvo mleté čierne korenie

8 uncí špargle, nakrájanej na 2-palcové dĺžky

4 steaky z lososa

2 polievkové lyžice nasekaných čerstvých byliniek, ako je pažítka, kôpor, petržlenová vňať, bazalka alebo kombinácia

1. Umiestnite rošt do stredu rúry. Predhrejte rúru na 425 ° F. Zemiaky nakrájame na hrubé plátky a osušíme. Zmiešajte zemiaky, mrkvu a šalotku alebo cibuľu vo veľkej pekáči. Pridajte olej a soľ a korenie podľa chuti. Dobre premiešajte. Zeleninu poukladajte na plech a pečte 20 minút.

2. Zeleninu premiešame a pridáme špargľu. Pečte ďalších 10 minút alebo kým zelenina jemne nezhnedne.

3. Lososa posypeme soľou a korením. Zatlačte zeleninu na steny panvice. Pridajte steaky z lososa. Pečte ďalších 7 minút, alebo kým losos nie je takmer nepriehľadný a po narezaní na najhrubšiu časť stále vlhký. Posypeme bylinkami a ihneď podávame.

Rybie steaky v zelenej omáčke

Pesce a Salsa Verde

Na 4 porcie

Jeden rok som strávil Silvester v Benátkach s priateľmi a večeru sme mali v malom hostinci pri moste Rialto a potom sme o polnoci išli do Katedrály svätého Marka. Jedli sme grilované krevety, rizoto so sépiou a toto jedlo z dusených rybích steakov v omáčke s petržlenovou vňaťou a bielym vínom s hráškom. Po večeri sme sa poprechádzali po uliciach, ktoré boli plné dobromyseľných veselcov, mnohí v krásnych kostýmoch.

½ šálky viacúčelovej múky

Soľ a čerstvo mleté čierne korenie

4 filety z halibuta, platesy alebo inej bielej ryby s hrúbkou asi 1 cm

4 polievkové lyžice olivového oleja

4 zelené cibule, jemne nakrájané

¾ šálky suchého bieleho vína

¼ šálky nasekanej čerstvej plochej petržlenovej vňate

1 šálka čerstvého alebo mrazeného hrášku

1. Na kúsku voskovaného papiera zmiešame múku a soľ a korenie podľa chuti. Rybu opláchnite a osušte a potom každý steak ponorte do múčnej zmesi, aby sa zľahka obalila na oboch stranách. Vytraste prebytok.

2. Zahrejte 2 lyžice oleja vo veľkej panvici na strednom ohni. Pridajte rybu a opekajte z jednej strany asi 3 minúty. Rybu otočte a opečte z druhej strany asi 2 minúty. Rebrovanou kovovou špachtľou preneste steaky na tanier. Utrite panvicu.

3. Do panvice nalejte zvyšné 2 polievkové lyžice oleja. Pridajte cibuľu. Varte na strednom ohni do zlatista, asi 10 minút. Prilejeme víno a necháme zovrieť. Varte, kým sa väčšina tekutiny neodparí, asi 1 minútu. Vmiešame petržlenovú vňať.

4. Rybu vrátime do panvice a zalejeme omáčkou. Hrach rozmiestnite okolo rýb. Znížte teplo na minimum. Prikryte a varte 5 až 7 minút, alebo kým ryba nebude po narezaní na najhrubšiu časť takmer nepriehľadná. Ihneď podávajte.

Morský list pečený v papieri

Pesce v Cartoccio

Na 4 porcie

Ryba pečená na pergamenovom papieri je dramatické jedlo, ktoré je v skutočnosti veľmi jednoduché. Papier si zachováva všetku chuť rýb a korenia a má ďalšiu výhodu v úspore čistenia. Pergamen je možné nahradiť hliníkovou fóliou, ale nie je to také atraktívne.

2 stredné paradajky, zbavené semienok a nakrájané na plátky

2 zelené cibule, jemne nakrájané

¼ čajovej lyžičky sušeného majoránu alebo tymiánu

2 polievkové lyžice čerstvej citrónovej šťavy

2 polievkové lyžice olivového oleja

Soľ a čerstvo mleté čierne korenie

4 (6 uncí) filé z halibuta, lososa alebo inej ryby, hrubé asi 1 cm

1. Umiestnite rošt do stredu rúry. Predhrejte rúru na 400 °F. V strednej miske zmiešajte všetky ingrediencie okrem rýb.

2. Vystrihnite 4 listy pergamenového papiera na 12-palcové štvorce. Preložte každý list na polovicu. Otvorte papier a vnútro namažte olejom. Rybí steak položte na jednu stranu záhybu. Nalejte paradajkovú zmes na ryby.

3. Preložte papier cez rybu. Zatvorte každé balenie tak, že urobíte malé záhyby od jedného konca k druhému pozdĺž okrajov a dobre ich prehnete. Opatrne položte balíčky na 2 plechy na pečenie.

4. Pečieme 12 minút. Aby ste skontrolovali pripravenosť, rozrežte jeden balík a rybu narežte v najhrubšej časti. Mal by byť sotva nepriehľadný.

5. Posuňte balíčky na servírovacie taniere a nechajte hostí, aby si tie svoje otvorili. Podávajte teplé.

Pečená ryba s olivami a zemiakmi

Pesce al Forno

Na 4 porcie

Majorán je bylina široko používaná v Ligúrii, hoci v Spojených štátoch nie je veľmi známa. Má podobnú chuť ako oregano, aj keď je oveľa menej silné ako sušené oregano. Vhodnou náhradou je tymian.

Zemiaky začnite pripravovať vopred, aby mali šancu zhnednúť a dobre sa uvariť. Potom pridajte rybu, aby sa všetko uvarilo v dokonalej harmónii. Šalát je všetko, čo musíte zvážiť.

2 libry uvarených zemiakov, olúpaných a nakrájaných na tenké plátky

6 lyžíc olivového oleja

Soľ a čerstvo mleté čierne korenie podľa chuti

2 lyžice nasekanej čerstvej plochej petržlenovej vňate

½ lyžičky sušeného majoránu alebo tymiánu

2 polievkové lyžice čerstvej citrónovej šťavy

½ lyžičky čerstvo nastrúhanej citrónovej kôry

2 celé ryby, ako je halibut alebo morský vlk (asi 2 libry každá), očistené s neporušenými hlavami a chvostmi

½ šálky jemných čiernych olív, ako je Gaeta

1. Umiestnite rošt do stredu rúry. Predhrejte rúru na 450 ° F. Vo veľkej miske premiešajte zemiaky s 3 lyžicami oleja a soľou a korením podľa chuti. Zemiaky poukladajte do veľkej plytkej zapekacej misy. Zemiaky pečieme 25 až 30 minút alebo kým nezačnú hnednúť.

2. Zmiešajte zvyšné 3 lyžice oleja, petržlenovú vňať, majorán, citrónovú šťavu, kôru a soľ a korenie podľa chuti. Polovicu zmesi vložte do rybej dutiny a zvyšok votrite do kože.

3. Pomocou veľkej špachtle otočte zemiaky a porozhadzujte olivy. Rybu dobre opláchnite a osušte. Rybu položte na zemiaky. Pečte asi 8 až 10 minút na palec hrúbky v najširšej časti ryby, alebo kým mäso nebude nepriehľadné, keď ho nakrájate malým ostrým nožom v blízkosti kosti, a kým zemiaky nezmäknú.

4. Rybu preložíme na teplý servírovací tanier. Obklopte rybu zemiakmi a olivami. Ihneď podávajte.

Citrus Red Snapper

Pesce al Agrumi

Na 4 porcie

Bez ohľadu na to, aké je vonku počasie, pri podávaní tejto citrusovej pečenej ryby si budete myslieť, že je krásny slnečný deň. Recept vychádza z toho, ktorý som vyskúšala v Positane. Svieže, svieže víno ako Rulandské šedé je dokonalým sprievodom.

1 stredný pomaranč

1 stredný citrón

2 celé ryby, ako je halibut alebo morský vlk (asi 2 libry každá), očistené s neporušenými hlavami a chvostmi

2 čajové lyžičky nasekaných lístkov čerstvého tymiánu

2 polievkové lyžice olivového oleja

Soľ a čerstvo mleté čierne korenie

½ šálky suchého bieleho vína

1 pomaranč a 1 citrón nakrájaný na plátky na ozdobu

1. Škrabkou na zeleninu s rotačnou čepeľou odstráňte polovicu kôry z pomarančovej a citrónovej kôry. Kúsky poskladajte a nakrájajte na úzke pásiky. Stlačte ovocie, aby ste vytlačili šťavu.

2. Umiestnite rošt do stredu rúry. Predhrejte rúru na 400 °F. Plech na pečenie dostatočne veľký na to, aby sa doň zmestila ryba v jednej vrstve.

3. Rybu dobre opláchnite a osušte. Vložte rybu do panvice a naplňte jamku tymianom a polovicou kôry. Zvonku aj zvnútra pokvapkáme olejom a podľa chuti pridáme soľ a korenie. Rybu zalejeme vínom, šťavou a zvyšnou kožou.

4. Pečieme, raz alebo dvakrát podlievame šťavou z panvice, asi 8 až 10 minút na palec hrúbky v najširšej časti ryby, alebo kým mäso nie je nepriehľadné, keď ho narežeme malým ostrým nožom pri kosti. Podávame horúce, ozdobené plátkami pomaranča a citrónu.

Ryby v slanej kôre

Pesce na predaj

Na 2 porcie

Ryby a morské plody pečené v soli sú tradičným jedlom v Ligúrii a pozdĺž toskánskeho pobrežia. Soľ zmiešaná s vaječným bielkom vytvorí hustú tvrdú kôrku, takže ryba vo vnútri sa varí vo vlastnej šťave. V Baia Beniamin, krásnej reštaurácii priamo pri vode vo Ventimiglia pri francúzskych hraniciach, som sledoval, ako čašník šikovne rozbil soľnú kôru zadnou časťou ťažkej lyžice a nadvihol ju, pričom jediným pohybom odstránil kožu a soľ. Vo vnútri bola ryba uvarená k dokonalosti.

6 šálok kóšer soli

4 veľké vaječné bielka

1 celá ryba, ako je halibut alebo morský vlk (asi 2 libry každá), očistená s neporušenou hlavou a chvostom

1 polievková lyžica nasekaného čerstvého rozmarínu

2 strúčiky cesnaku nakrájané nadrobno

1 citrón, nakrájaný na kolieska

Extra panenský olivový olej

1. Umiestnite rošt do stredu rúry. Predhrejte rúru na 500 °F. Vo veľkej mise vyšľaháme soľ a vaječné bielky, kým soľ nebude rovnomerne navlhčená.

2. Plech na pečenie dostatočne veľký, aby sa do neho zmestila ryba. Položte rybu na plech na pečenie. Dutinu naplníme rozmarínom a cesnakom.

3. Ryby rovnomerne posypte soľou a úplne ich zakryte. Silne poklepte na soľ, aby držala.

4. Rybu pečieme 30 minút alebo kým nie je soľ po okrajoch jemne zlatistá. Ak chcete skontrolovať prepečenie, vložte teplomer s okamžitým odčítaním cez soľ do najhrubšej časti ryby. Ryba je hotová, keď teplota dosiahne 130 °F.

5. Ak chcete podávať, rozbite soľnú kôru veľkou lyžicou. Odstráňte soľ a kožu z rýb a vyhoďte. Opatrne zdvihnite mäso od kosti. Podávame horúce s kolieskami citróna a kvapkou extra panenského olivového oleja.

Pečená ryba na bielom víne a citróne

Pesce al Vino Bianco

Na 4 porcie

Toto je základný spôsob prípravy akejkoľvek strednej až malej celej ryby. Jedol som to v Ligúrii spolu s dusenými artičokmi a zemiakmi.

2 celé ryby, ako je halibut alebo morský vlk (asi 2 libry každá), očistené s neporušenými hlavami a chvostmi

1 polievková lyžica nasekaného čerstvého rozmarínu

Soľ a čerstvo mleté čierne korenie

1 citrón, nakrájaný na tenké plátky

2 lyžice nasekanej čerstvej plochej petržlenovej vňate

1 šálka suchého bieleho vína

¼ šálky extra panenského olivového oleja

1 polievková lyžica bieleho vínneho octu

1. Umiestnite rošt do stredu rúry. Predhrejte rúru na 400 °F. Plech na pečenie, ktorý je dostatočne veľký, aby sa v ňom ryby zmestili vedľa seba.

2.Rybu umyte a osušte zvonku aj zvnútra. Vnútro ryby posypeme rozmarínom a soľou a korením podľa chuti. Do dutiny zatlačte niekoľko plátkov citróna. Vložte rybu do panvice. Rybu posypte petržlenovou vňaťou a položte na ňu zvyšné plátky citróna. Podlejeme vínom, olejom a octom.

3.Rybu pečieme 8 až 10 minút na palec hrúbky v najširšom mieste, alebo kým mäso nebude nepriehľadné, keď ho narežeme malým ostrým nožom v blízkosti kosti. Podávajte teplé.

Pstruh s prosciuttom a šalviou

Trote al Prosciutto a šalvia

Na 4 porcie

Divoký pstruh je veľmi chutný, hoci v obchodoch s rybami ho nájdete len zriedka. Domáci pstruh je oveľa menej zaujímavý, ale prosciutto a šalvia spestria chuť. Takto pripraveného pstruha som mal vo Friuli-Venezia Giulia, kde ho robili s miestnym prosciuttom z mesta San Daniele.

4 malé celé pstruhy, očistené, každý asi 12 uncí

4 polievkové lyžice olivového oleja

2 až 3 polievkové lyžice čerstvej citrónovej šťavy

6 lístkov čerstvej šalvie, nasekaných nadrobno

Soľ a čerstvo mleté čierne korenie

8 veľmi tenkých plátkov dovážaného talianskeho prosciutta

1 citrón, nakrájaný na kolieska

1. Plech na pečenie dostatočne veľký na to, aby sa doň zmestila ryba v jednej vrstve.

2. V malej miske rozšľaháme olej, citrónovú šťavu, šalviu a soľ a korenie podľa chuti. Posypte zmesou vnútri aj zvonka ryby. Rybu marinujte v chladničke 1 hodinu.

3. Umiestnite rošt do stredu rúry. Predhrejte rúru na 375 ° F. Do každej ryby vložte plátok prosciutta a navrch položte ďalší plátok. Pečte 20 minút, alebo kým ryba nebude matná, keď ju narežete malým ostrým nožom v blízkosti kosti. Podávame horúce s kolieskami citróna.

Zapečené sardinky s rozmarínom

Sarde con Rosamarina

Na 4 porcie

Sardinky, sardinky a ančovičky patria do čeľade tmavomastých rýb známych v Taliansku ako pesce azzurro. Ďalšími členmi tejto čeľade sú makrely a samozrejme modré ryby. Rozmarín ich v tomto recepte z Toskánska pekne dopĺňa.

1 1/2 libry čerstvých sardiniek, ančovičiek alebo ančovičiek, očistených (pozri poznámku nižšie)

Soľ a čerstvo mleté čierne korenie

1 polievková lyžica nasekaného čerstvého rozmarínu

1/4 šálky olivového oleja

1/4 šálky hladkej jemnej suchej strúhanky

1 citrón, nakrájaný na kolieska

1. Umiestnite rošt do stredu rúry. Predhrejte rúru na 400 °F. Vymastite plech na pečenie dostatočne veľký, aby sa doň zmestili sardinky v jednej vrstve.

2. Vložte sardinky do misky a posypte ich zvnútra aj zvonka soľou, korením a rozmarínom. Pokvapkáme olejom a posypeme strúhankou.

3. Pečte 15 minút alebo kým ryba nie je uvarená. Podávame s kolieskami citróna.

> ***Poznámka pod čiarou:****Na čistenie sardiniek: Na odrezanie hláv použite veľký, ťažký kuchársky nôž alebo kuchynské nožnice. Rybe rozrežte brucho a odstráňte vnútornosti. Vytiahnite chrbticu. Odrežte plutvy. Opláchnite a sceďte.*

Sardinky, benátske

Sardy v Saore

Na 4 porcie

Hrozienka a ocot dodávajú rybám lahodnú sladkokyslú chuť v tejto benátskej klasike. Tento recept si určite pripravte aspoň deň predtým, ako ho plánujete podávať, aby sa chute prepojili. Malé porcie sú skvelé ako predjedlo. Sardinky môžete nahradiť celým pstruhom alebo makrelou alebo vyskúšať filety z halibuta. V Benátkach sa sardinky a saor často podávajú ku grilovanému bielemu jedlu<u>Polenta</u>.

8 lyžíc olivového oleja

3 cibule (asi 1 libra), nakrájané na 1/2 palca hrubé

1 šálka suchého bieleho vína

1 šálka bieleho vínneho octu

2 polievkové lyžice píniových orieškov

2 polievkové lyžice hrozienok

2 libry očistených sardiniek

1. Do veľkej ťažkej panvice nalejte 4 polievkové lyžice oleja. Pridajte cibuľu a varte na miernom ohni do mäkka, asi 20 minút. Často miešajte a dávajte pozor, aby cibuľa nezhnedla. Ak je to potrebné, pridajte lyžicu alebo dve vody, aby sa cibuľa nesfarbila.

2. Pridajte 1/2 šálky vína, 1/2 šálky octu, hrozienka a píniové oriešky. Priveďte do varu a varte 1 minútu. Odstráňte z tepla.

3. V ďalšej panvici zohrejte zvyšné 4 lyžice oleja na strednom ohni. Pridajte sardinky a varte, kým nie sú v strede priehľadné, asi 2 až 3 minúty na každej strane. Sardinky poukladajte v jednej vrstve na veľký tanier. Zalejeme zvyšným vínom a octom.

4. Nalejte cibuľovú zmes na ryby. Prikryte a dajte do chladničky na 1 až 2 dni, aby sa chute zmiernili. Podávajte pri studenej izbovej teplote.

Plnené sardinky, sicílske

Sarde Beccafico

Na 4 porcie

DR. Joseph Maniscalco, starý rodinný priateľ, ktorý pochádzal zo Sciacca na Sicílii, ma naučil robiť tento typický sicílsky recept. Taliansky názov znamená sardinka v štýle figovníka, malého šťavnatého vtáčika, ktorý rád jedáva zrelé figy.

1 šálka obyčajnej suchej strúhanky

Asi 1/4 šálky olivového oleja

4 filety sardel, scedené a nakrájané

2 lyžice nasekanej čerstvej plochej petržlenovej vňate

2 polievkové lyžice píniových orieškov

2 polievkové lyžice hrozienok

Soľ a čerstvo mleté čierne korenie

2 libry čerstvo očistených sardiniek

bobkové listy

Plátky citróna

1. Umiestnite rošt do stredu rúry. Predhrejte rúru na 375 ° F. Naolejujte malý pekáč.

2. Na veľkej panvici na strednom ohni za stáleho miešania opražte strúhanku, kým nie sú zlatohnedé. Odstráňte z tepla a vmiešajte len toľko oleja, aby sa navlhčil. Pridajte ančovičky, petržlenovú vňať, píniové oriešky, hrozienka a podľa chuti soľ a korenie. Dobre premiešajte.

3. Otvorte sardinky ako knihu a položte ich kožou nadol na rovný povrch. Každú sardinku posypte trochou strúhankovej zmesi. Sardinky zvinieme, zalejeme plnkou a uložíme vedľa seba do zapekacej misy, pričom každú oddelíme bobkovým listom. Na vrch posypte zvyšné omrvinky a pokvapkajte zvyšným olejom.

4. Pečieme 20 minút alebo kým nie sú rolky upečené. Podávajte horúce alebo pri izbovej teplote s kolieskami citróna.

Grilované sardinky

Sardinky alla Griglia

Na 4 porcie

Malé, chutné ryby ako sardinky, platesa a ančovičky sú na grile neodolateľné. Na grilovanej večeri vo vínnej pivnici v Abruzzi prišli hostia, aby našli rady a rady malých rýb grilujúcich sa na drevenom uhlí. Hoci sa zdalo, že ich je priveľa, čoskoro zmizli, zapití pohármi vychladeného bieleho vína trebbiano.

Košový gril dobre drží a otáča malé ryby, keď sa pečú. Ak máte to šťastie, že si pestujete vlastné citrónovníky alebo pomarančovníky a neošetrujete ich chemikáliami, použite niekoľko listov na ozdobenie servírovacieho taniera. V opačnom prípade postačia radicchio alebo pevné listy šalátu.

12 až 16 čerstvých očistených sardiniek alebo ančovičiek

2 polievkové lyžice olivového oleja

Soľ a čerstvo mleté čierne korenie

Surové listy citrónu alebo čakanky

2 citróny, nakrájané na kolieska

1. Umiestnite gril alebo rošt na brojlery asi 5 palcov od zdroja tepla. Predhrievajte gril alebo brojler.

2. Sardinky osušíme a natrieme olejom. Jemne posypte soľou a korením. Rybu grilujte alebo opekajte, kým pekne nezhnedne, asi 3 minúty. Rybu jemne otočte a varte, kým na druhej strane nezhnedne, ešte asi 2 až 3 minúty.

3. Listy poukladajte na tanier. Na vrch poukladáme sardinky a ozdobíme plátkami citróna. Podávajte teplé.

Vyprážaná slaná treska

Baccala Fritta

Na 4 porcie

Toto je základný recept na varenie baccaly. Môžeme podávať obyčajné alebo preliate paradajkovou omáčkou. Niektorí kuchári radi zohrejú omáčku na panvici a potom do nej pridajú opečenú rybu a krátko ich spolu podusia.

Asi 1 šálka viacúčelovej múky

Soľ a čerstvo mleté čierne korenie

1 libra namočenej baccaly alebo ryby, nakrájaná na porciované kúsky

Olivový olej

Plátky citróna

1. Na kúsok voskovaného papiera rozotrite múku, soľ a korenie podľa chuti.

2. Vo veľkej ťažkej panvici zohrejte asi 1/2 palca oleja. Kúsky rýb rýchlo ponorte do múčnej zmesi a prebytočnú zmes vytraste. Na

panvicu vložte toľko kúskov rýb, koľko je, bez toho, aby ste ich preplnili.

3. Rybu varte, kým nezhnedne, 2 až 3 minúty. Rybu otočte kliešťami a varte ďalšie 2 až 3 minúty, kým nezhnedne a nezmäkne. Podávame horúce s kolieskami citróna.

Verzia: Do oleja na vyprážanie pridajte zľahka podrvené celé strúčiky cesnaku a/alebo čerstvé alebo sušené čili papričky, aby ste rybu okorenili.

Slaná treska na spôsob pizze

Baccala alla Pizzaiola

Na 6 až 8 jedál 8

V Neapole sú paradajky, cesnak a oregano typickými príchuťami klasickej omáčky na pizzu, preto sa toto jedlo ochutené týmito ingredienciami nazýva pizza štýl. Pre extra chuť pridajte do omáčky hrsť olív a niekoľko filet zo sardel.

2 libry namočenej soľnej tresky, nakrájanej na porcie

4 polievkové lyžice olivového oleja

2 veľké strúčiky cesnaku, veľmi jemne nakrájané

2 lyžice nasekanej čerstvej plochej petržlenovej vňate

Štipka mletej červenej papriky

3 šálky ošúpaných čerstvých paradajok zbavených semienok a nakrájaných na kocky alebo 1 (28 uncí) plechovka talianskych lúpaných paradajok, scedených a nakrájaných na kocky

2 lyžice kapary, opláchnuté, scedené a nakrájané

1 lyžička sušeného oregana, drveného

Soľ

1. V hlbokej panvici prevarte asi 2 cm vody. Pridajte rybu a varte, kým ryba nie je mäkká, ale nerozpadne sa, asi 10 minút. Rybu vyberte dierovanou lyžicou a sceďte.

2. Do veľkej panvice nalejeme olej s cesnakom, petržlenovou vňaťou a drvenou červenou paprikou. Varte, kým cesnak nie je jemne zlatý, asi 2 minúty. Pridáme paradajky a ich šťavu, kapary, oregano a trochu soli. Priveďte do varu a varte, kým tekutina mierne nezhustne, asi 15 minút.

3. Pridáme scedenú rybu. Rybu polejeme omáčkou. Varte 10 minút alebo do zmäknutia. Podávajte teplé.

Slaná treska so zemiakmi

Baccala Palermitana

Na 4 porcie

Prechádzka po trhu Vucciria v Palerme na Sicílii je fascinujúcim zážitkom pre každého, najmä pre kuchára. Trhové stánky lemujú preplnené kľukaté uličky a nakupujúci si môžu vybrať zo širokej škály čerstvého mäsa, rýb a produktov (rovnako ako všetko od spodnej bielizne po batérie). Obchody s rybami predávajú baccalu a ryby, ktoré sú už namočené a pripravené na varenie. Tu v Spojených štátoch, ak nemáte čas namočiť ryby, nahraďte baccalu kúsky čerstvej tresky alebo inej pevnej bielej ryby.

1/4 šálky olivového oleja

1 stredná cibuľa, nakrájaná na plátky

1 šálka nakrájaných konzervovaných paradajok s ich šťavou

1/2 šálky nakrájaného zeleru

2 stredné zemiaky, ošúpané a nakrájané na plátky

1 1/2 libry baccaly, namočené a scedené

1/4 šálky nasekaných zelených olív

1. Olej zohrejte vo veľkej panvici na strednom ohni. Pridajte cibuľu, paradajky, zeler a zemiaky. Priveďte do varu a varte, kým zemiaky nezmäknú, asi 20 minút.

2. Pridajte rybu a kúsky polejte omáčkou. Posypeme olivami. Varte, kým ryba nezmäkne, asi 10 minút. Ochutnajte korením a podľa potreby pridajte soľ. Podávajte teplé.

Krevety a fazuľa

Gamberi a Fagioli

Na 4 porcie

Forte dei Marmi je krásne mesto na toskánskom pobreží. Má starosvetskú eleganciu s mnohými palácmi v štýle art deco, z ktorých niektoré boli prerobené na hotely. Ležadlo a slnečník pri pláži si môžete prenajať na deň, týždeň alebo mesiac. S manželom sme dlho diskutovali s našimi priateľmi Robom a Lindou Leahyovými o tom, ako stráviť deň na pláži alebo jesť u Lorenza. Linda sa rozhodla opaľovať, zatiaľ čo my ostatní sme išli do reštaurácie, ktorá sa špecializuje na jednoduché morské plody, ako sú tieto krevety. Boli sme šťastní.

16 až 20 veľkých kreviet, olúpaných a očistených

4 polievkové lyžice olivového oleja

2 polievkové lyžice nadrobno nakrájaného čerstvého cesnaku

2 polievkové lyžice nasekanej čerstvej bazalky

Soľ a čerstvo mleté čierne korenie

3 šálky scedenej varenej alebo konzervovanej fazule cannellini alebo fazule

2 stredne veľké paradajky, nakrájané na kocky

Listy čerstvej bazalky, na ozdobu

1. V miske pokvapkajte krevety 2 lyžicami oleja, polovicou cesnaku, 1 lyžicou bazalky a soľou a korením podľa chuti. Dobre premiešajte. Prikryte a chladte 1 hodinu.

2. Umiestnite gril alebo rošt na brojlery asi 5 palcov od zdroja tepla. Predhrievajte gril alebo brojler.

3. Zvyšný olej, cesnak a bazalku varte na panvici na strednom ohni asi 1 minútu. Vmiešame fazuľu. Prikryte a varte na miernom ohni 5 minút alebo kým sa neprehreje. Odstráňte z tepla. Vmiešame paradajky, soľ a korenie podľa chuti.

4. Smažte krevety na jednej strane, kým jemne nezhnednú, 1 až 2 minúty. Krevety otočte a varte, kým v najhrubšej časti jemne nezhnednú a nebudú matné, asi ešte 1 až 2 minúty.

5. Fazuľu položte na 4 taniere. Umiestnite krevety okolo fazule. Ozdobíme lístkami čerstvej bazalky. Ihneď podávajte.

Krevety v cesnakovej omáčke

Gamberi al'Aglio

Na 4 až 6 jedál

Krevety varené v cesnakovo-maslovej omáčke sú populárnejšie v taliansko-amerických reštauráciách ako v Taliansku. Často sa tu nazýva „krevety", čo je nezmyselný názov, ktorý naznačuje jeho netaliansky pôvod. Krevety nie sú spôsob varenia, ako naznačuje názov, ale druh mäkkýšov, ktorý vyzerá ako miniatúrny homár. Čo sa týka varenia, krevety sa zvyčajne grilujú len s trochou olivového oleja, petržlenovej vňate a citrónu.

Nech už to nazvete akokoľvek a bez ohľadu na ich pôvod, krevety v cesnakovej omáčke sú vynikajúce. Ponúknite veľa dobrého chleba na nasiaknutie omáčky.

6 lyžíc nesoleného masla

¼ šálky olivového oleja

4 veľké strúčiky cesnaku nakrájané nadrobno

16 až 24 veľkých kreviet, olúpaných a zbavených jadier

Soľ

3 polievkové lyžice nasekanej čerstvej petržlenovej vňate

2 polievkové lyžice čerstvej citrónovej šťavy

1. Vo veľkej panvici na strednom ohni roztopte maslo s olivovým olejom. Vmiešame cesnak. Varte, kým cesnak nie je jemne zlatý, asi 2 minúty.

2. Zvýšte teplo na stredne vysoké. Pridajte krevety, soľ podľa chuti. Varte 1 až 2 minúty, krevety raz otočte a varte do zhnednutia, asi ešte 1 až 2 minúty. Vmiešame petržlenovú vňať a citrónovú šťavu a varíme ďalšiu 1 minútu. Podávajte teplé.

Krevety s paradajkami, kaparami a citrónom

Krevety v salse

Na 4 porcie

Toto je jeden z tých rýchlych a flexibilných receptov, v ktorých sú Taliani tak dobrí. Podávajte ho ako rýchly hlavný chod s krevetami alebo ho premiešajte s cestovinami a extra panenským olivovým olejom ako výdatné jedlo.

2 polievkové lyžice olivového oleja

1 libra stredných kreviet, olúpaných a zbavených jadier

1 strúčik cesnaku, mierne rozdrvený

Soľ

1 pol litra hroznových alebo cherry paradajok, rozpolených alebo rozštvrtených, ak sú veľké

2 lyžice kapary, opláchnuté a scedené

2 lyžice nasekanej čerstvej plochej petržlenovej vňate

¼ čajovej lyžičky strúhanej citrónovej kôry

1. Zohrejte olej na 10-palcovej panvici na stredne vysokú teplotu. Pridajte krevety, cesnak a štipku soli. Varte, kým krevety nie sú ružové a jemne zlaté, asi 1 až 2 minúty na každej strane. Položte krevety na tanier.

2. Pridajte paradajky a kapary na panvicu. Varte za častého miešania, kým paradajky mierne nezmäknú, asi 2 minúty. Vráťte krevety do panvice a pridajte petržlenovú vňať a soľ podľa chuti. Dobre premiešame a varíme ďalšie 2 minúty.

3. Pridajte citrónovú kôru. Cesnak vyhoďte a ihneď podávajte.

Krevety v sardelovej omáčke

Gamberi a Salsa di Acciughe

Na 4 porcie

Raz na jar ma Gruppo Ristoratori Italiani, organizácia talianskych reštaurátorov v Spojených štátoch, požiadala, aby som sa k nim a skupine ďalších autorov jedla pripojil na výlete do regiónu Marche v strednom Taliansku. Boli sme ubytovaní v hoteli na pobreží a plánovali sme preskúmať okolité mestá. Búrlivé počasie jednej noci takmer znemožnilo cestovanie, a tak sme sa najedli v miestnej reštaurácii s názvom Tre Nodi. Majiteľ bol trochu výstredný a kázal nám o svojich teóriách o politike, jedle a varení, ale morské plody boli úžasné, najmä veľká červená stredomorská kreveta varená s ančovičkami. Krevety sa prekrojili takmer na polovicu a potom sa naplocho otvorili, aby sa dali dôkladne natrieť omáčkou. Keď sme odchádzali, majiteľ dal každému z nás malú misku piesku z miestnej pláže, aby nám pripomenul náš pobyt.

1 1/2 libry jumbo krevety

4 polievkové lyžice nesoleného masla

3 polievkové lyžice olivového oleja

2 lyžice nasekanej čerstvej plochej petržlenovej vňate

2 veľké strúčiky cesnaku, veľmi jemne nakrájané

6 plátkov sardelových filé

⅓ šálky suchého bieleho vína

2 polievkové lyžice čerstvej citrónovej šťavy

Soľ a čerstvo mleté čierne korenie

1. Ošúpte krevety, chvosty nechajte nedotknuté. Krevety pozdĺž chrbta narežeme malým nožom, prerežeme takmer až na druhú stranu. Odstráňte tmavú žilu a otvorte krevety naplocho ako knihu. Opláchnite a osušte krevety.

2. Umiestnite gril alebo rošt na brojlery asi 5 palcov od zdroja tepla. Predhrievajte gril alebo brojler. Vo veľkej panvici bezpečnej pre brojlery rozpustite maslo s olivovým olejom na strednom ohni. Keď maslová pena opadne, pridajte petržlenovú vňať, cesnak a ančovičky a za stáleho miešania varte 1 minútu. Pridajte víno a citrónovú šťavu a varte ďalšiu 1 minútu.

3. Odstráňte panvicu z ohňa. Pridajte krevety reznou stranou nadol. Posypte soľou a korením. Nalejte trochu omáčky na krevety.

4. Zasuňte panvicu pod brojler a varte asi 3 minúty, alebo kým krevety nebudú len priehľadné. Ihneď podávajte.

Vyprážané krevety

Gamberi Fritti

Na 4 až 6 jedál

Jednoduché cesto z múky a vody vytvorí lahodnú chrumkavú kôrku pre vyprážané krevety. Upozorňujeme, že tento typ cesta nezhnedne, pretože neobsahuje cukry ani bielkoviny. Pre hlbšiu hnedú kôrku vyskúšajte pivové cesto (<u>Vyprážaná cuketa</u>*, krok 2) alebo ten vyrobený z vajec, ako napríklad v*<u>Krevety a kalamáre vyprážané v cestíčku</u>*recept. Ďalší trik, ktorý mnohí kuchári v reštauráciách používajú, je pridať do hrnca lyžicu kuchynského oleja, ktorý vám zostal z vyprážania z predchádzajúceho dňa. Dôvody sú komplikované, ale ak často vyprážate, oplatí sa nechať si v chladničke trochu vychladeného oleja, ktorý vám zostane na budúce vyprážanie. Nevydrží však donekonečna, preto by ste mali olej pred použitím vždy ovoňať, aby ste sa uistili, že je stále čerstvý.*

Podávajte tieto krevety ako hlavný chod alebo predjedlo. Kto má rád, môže rovnakým spôsobom opražiť celé zelené fazuľky, pásiky cukety alebo papriky, prípadne inú zeleninu. Dobré sú aj celé listy petržlenu, bazalky alebo šalvie.

1 šálka viacúčelovej múky

1 1/2 lyžičky soli

Asi 3/4 šálky studenej vody

1 1/2 libry stredne veľké krevety, olúpané a zbavené

Rastlinný olej na vyprážanie

1. Vložte múku a soľ do strednej misy. Postupne pridávame vodu a miešame drôtenou metličkou do hladka. Zmes by mala byť veľmi hustá, ako kyslá smotana.

2. Opláchnite krevety a osušte ich. Podnos vysteľte papierovými utierkami.

3. Nalejte dostatok oleja do hlbokej ťažkej panvice, aby ste dosiahli hĺbku 2 palce, alebo ak používate elektrickú fritézu, postupujte podľa pokynov výrobcu. Zahrejte olej na 370 °F. na teplomere alebo kým kvapka cesta v oleji nezasyčí a nezhnedne do 1 minúty.

4. Vložte krevety do misky so zmesou a premiešajte, aby sa obalili. Krevety jednu po druhej vyberte a pomocou klieští ich opatrne vložte do oleja. Vyprážajte iba toľko kreviet, koľko sa zmestí, bez toho, aby ste ich narazili. Varte krevety, kým nebudú jemne zlaté a chrumkavé, 1 až 2 minúty. Nechajte odkvapkať na papierových

utierkach. Rovnakým spôsobom opečte zvyšné krevety. Podávame horúce s kolieskami citróna.

Krevety a kalamáre vyprážané v cestíčku

Frutti di Mare a Pastella

Na 6 jedál

Všade, kde v Taliansku nájdete morské plody, nájdete kuchárov, ktorí ich vyprážajú v chrumkavom cestíčku. Toto cesto je vyrobené z vajec a droždia, ktoré dodáva kôrke ľahkú, vzdušnú štruktúru, zlatú farbu a dobrú chuť. Aj keď na väčšinu kuchynských účelov používam olivový olej, na vyprážanie uprednostňujem rastlinný olej bez chuti.

1 čajová lyžička aktívneho suchého droždia alebo instantného droždia

1 šálka teplej vody (100 až 110 °F)

2 veľké vajcia

1 šálka viacúčelovej múky

1 lyžička soli

1 libra malých kreviet, olúpaných a zbavených jadier

8 uncí očistených kalamárov (chobotnice)

Rastlinný olej na vyprážanie

1 citrón, nakrájaný na kolieska

1. V stredne veľkej miske rozprášime kvások vodou. Nechajte odstáť 1 minútu alebo kým nebude krémová. Miešajte do rozpustenia.

2. Vajcia pridáme do kváskovej zmesi a dobre prešľaháme. Vmiešame múku a soľ. Šľaháme metličkou do hladka.

3. Krevety a chobotnice dobre opláchnite. Vysušte to. Kalamáry nakrájajte priečne na 1/2-palcové kolieska. Ak sú veľké, rozrežte spodok každej skupiny chápadiel na polovicu.

4. Nalejte dostatok oleja do hlbokej ťažkej panvice, aby ste dosiahli hĺbku 2 palce, alebo ak používate elektrickú fritézu, postupujte podľa pokynov výrobcu. Zahrejte olej na 370 °F. na teplomere alebo kým kvapka cesta v oleji nezasyčí a nezhnedne do 1 minúty.

5. Do cesta vmiešame krevety a chobotnice. Vyberte niekoľko kúskov naraz a nechajte prebytočné cesto odkvapkať späť do misy. Veľmi opatrne vložte kúsky do horúceho oleja. Panvicu neprepĺňajte. Smažte 1 až 2 minúty, raz premiešajte dierovanou lyžicou, až kým nebude zlatohnedá. Vyberte morské plody z panvice a nechajte ich na papierovej utierke. Zvyšok opečieme rovnakým spôsobom. Podávame horúce s kolieskami citróna.

Grilované špízy z kreviet

Spiedini di Gamberi

Na 4 porcie

Hoci je známa bohatá kuchyňa Parmy a Bologne, kuchyňa prímorskej Emilia-Romagna je veľmi dobrá a často veľmi jednoduchá. Hlavnými jedlami sú vynikajúce ovocie a zelenina z okolitých fariem a úžasné čerstvé morské plody. S manželom sme jedli tieto grilované krevetové špízy v prímorskom meste Milano Marittima. Mäkkýše možno nahradiť kúskami rýb s pevným mäsom.

½ šálky obyčajnej strúhanky

1 polievková lyžica nadrobno nasekaného čerstvého rozmarínu

1 strúčik cesnaku, olúpaný a nakrájaný nadrobno

Soľ a čerstvo mleté čierne korenie

2 polievkové lyžice olivového oleja

1 libra stredných kreviet, olúpaných a zbavených jadier

1 citrón, nakrájaný na kolieska

1. Umiestnite gril alebo rošt na brojlery asi 5 palcov od zdroja tepla. Predhrievajte gril alebo brojler.

2. V strednej miske zmiešajte strúhanku, rozmarín, cesnak, soľ a korenie podľa chuti a olej a dobre premiešajte. Pridajte krevety a premiešajte, aby sa dobre obalili. Napichnite krevety na špajle.

3. Grilujte alebo kým krevety nie sú ružové a uvarené, asi 3 minúty z každej strany. Podávame horúce s kolieskami citróna.

"Diablov brat" homár

Aragosta Fra Diavolo

Na 2 až 4 porcie

Aj keď má tento recept mnoho znakov klasického juhotalianskeho jedla z morských plodov, vrátane paradajok, cesnaku a feferóniek, vždy som mal podozrenie, že ide o taliansko-americký vynález. Môj priateľ Arthur Schwartz, moderátor diskusnej relácie o jedle WOR s Arthurom Schwartzom, je odborníkom na neapolskú kuchyňu, ako aj na historickú newyorskú kuchyňu, a súhlasí so mnou. Arthur si myslí, že bol pravdepodobne vyvinutý v talianskej reštaurácii v New Yorku pred niekoľkými rokmi a odvtedy je populárny. Názov sa vzťahuje na pikantnú paradajkovú omáčku, v ktorej sa homár varí. Podávame so špagetami alebo opečeným cesnakovým chlebom.

2 živé homáre, každý asi 1 1/4 libry

1/3 šálky olivového oleja

2 veľké strúčiky cesnaku, mierne rozdrvené

Štipka mletej červenej papriky

1 šálka suchého bieleho vína

1 (28 uncí) plechovka olúpaných paradajok, scedených a nakrájaných na kocky

6 lístkov čerstvej bazalky, natrhaných na kúsky

Soľ

1. Položte jeden z homárov na reznú dosku, dutinou nahor. Neodstraňujte pásky, ktoré držia pazúry zatvorené. Chráňte si ruku ťažkým držiakom na uterák alebo hrniec a držte homára nad chvostom. Vložte špičku ťažkého kuchárskeho noža do tela v mieste, kde sa chvost spája s prsiami. Celú cestu prerežte a oddeľte chvost od zvyšku tela. Pomocou nožníc na hydinu odstráňte tenkú kožu pokrývajúcu mäso z chvosta. Vytiahnite a odstráňte tmavú žilu na chvoste, ale ponechajte zelený tomalley a červený koral, ak existuje. Opakujte s druhým homárom. Chvost rozrežte krížom na 3 alebo 4 časti. Kusy chvosta odložte nabok. Telá homárov a pazúry v kĺboch nakrájajte na 1- až 2-palcové kusy. Udierajte do pazúrov tupou stranou noža, aby ste ich zlomili.

2. Olej zohrejte vo veľkej ťažkej panvici na strednom ohni. Pridajte všetky kúsky homára okrem chvostov a varte 10 minút za častého miešania. Okolo kúskov rozotrite cesnak a feferónku. Pridajte víno a varte 1 minútu.

3. Pridajte paradajky, bazalku a soľ. Necháme prevrieť. Varte za občasného miešania, kým paradajky nezhustnú, asi 25 minút. Pridajte chvosty homára a varte ďalších 5 až 10 minút, alebo kým mäso z chvosta nebude pevné a nepriehľadné. Ihneď podávajte.

Pečený plnený homár

Aragoste amolikát

Na 4 porcie

V Taliansku a v celej Európe je charakteristickou odrodou homárov ostnatý alebo skalný homár, ktorému chýbajú veľké mäsité pazúry severoamerických homárov. Chutia však veľmi dobre a často sa u nás predávajú ako mrazené homárske chvosty. Ak sa nechcete zaoberať živými homármi, môžete tento recept pripraviť s mrazenými chvostmi tak, že trochu znížite množstvo strúhanky a uvaríte ich bez rozmrazovania, kým nebudú v strede nepriehľadné. Tento recept je typický pre Sardíniu, hoci sa konzumuje v celom južnom Taliansku.

4 živé homáre (asi 11/4 libry každý)

1 šálka obyčajnej suchej strúhanky

2 lyžice nasekanej čerstvej plochej petržlenovej vňate

1 strúčik cesnaku, nasekaný nadrobno

Soľ a čerstvo mleté čierne korenie

Olivový olej

1 citrón, nakrájaný na kolieska

1. Položte jeden z homárov na reznú dosku, dutinou nahor. Neodstraňujte pásky, ktoré držia pazúry zatvorené. Chráňte si ruku ťažkým držiakom na uterák alebo hrniec a držte homára nad chvostom. Vložte špičku ťažkého kuchárskeho noža do tela v mieste, kde sa chvost spája s prsiami. Celú cestu prerežte a oddeľte chvost od zvyšku tela. Pomocou nožníc na hydinu odstráňte tenkú bielu kožu pokrývajúcu spodnú stranu chvosta, aby ste odhalili mäso. Vytiahnite a odstráňte tmavú žilu na chvoste, ale ponechajte zelený tomalley a červený koral, ak existuje.

2. Umiestnite rošt do stredu rúry. Predhrejte rúru na 450 ° F. Vymastite 1 alebo 2 veľké plechy na pečenie. Položte homáre na plechy na pečenie na chrbát.

3. V strednej miske zmiešajte strúhanku, petržlenovú vňať, cesnak a soľ a korenie podľa chuti. Pridajte 3 lyžice oleja alebo len toľko, aby sa omrvinky navlhčili. Rozložte zmes na homáre na panvici. Pokvapkáme ešte trochou oleja.

4. Homáre pečieme 12 až 15 minút, alebo kým mäso z chvosta nie je po narezaní v najhrubšej časti nepriehľadné a po stlačení nebude pevné.

5. Ihneď podávame s kolieskami citróna.

Hrebenatka s cesnakom a petržlenovou vňaťou

Capesante Aglio e Olio

Na 4 porcie

Sladké čerstvé mušle sa rýchlo uvaria a sú ideálne na týždenné jedlo. Tento recept pochádza z Gradeža na pobreží Jadranského mora. Rád používam veľké morské mušle, ale môžete nahradiť menšie mušle.

¼ šálky olivového oleja

2 strúčiky cesnaku nakrájané nadrobno

2 lyžice nasekanej čerstvej plochej petržlenovej vňate

1 libra veľkých morských mušlí, umytých a odkvapkaných

Soľ a čerstvo mleté čierne korenie

1 citrón, nakrájaný na kolieska

1. Nalejte olej do veľkej panvice. Pridajte cesnak, petržlenovú vňať a feferónku a na miernom ohni varte do jemne zlatistej farby, asi 2 minúty.

2. Pridajte mušle a soľ a korenie podľa chuti. Varte za stáleho miešania, kým nie sú mušle v strede takmer nepriehľadné, asi 3 minúty. Podávame horúce s kolieskami citróna.

Grilované mušle a krevety

Ovocie z Mare alla Griglia

Na 4 porcie

Jednoduchá citrónová omáčka pečie grilované krevety a mušle. Kusy rýb môžete nahradiť pevným mäsom, ako je losos alebo mečúň.

¾ libry veľké morské hrebenatky, umyté a zbavené

¾ libry veľké krevety, vylúpané a zbavené jadierok

Čerstvý alebo sušený bobkový list

1 stredne veľká červená cibuľa, nakrájaná na 1 cm kúsky

¼ šálky olivového oleja

2 polievkové lyžice čerstvej citrónovej šťavy

1 lyžica nasekanej čerstvej plochej petržlenovej vňate

½ lyžičky sušené oregano, drvené

Soľ a čerstvo mleté čierne korenie

1. Umiestnite gril alebo rošt na brojlery asi 5 palcov od zdroja tepla. Predhrievajte gril alebo brojler.

2. Na 8 drevených alebo kovových špajlí napichneme mušle a krevety striedavo s bobkovým listom a kúskami cibule.

3. V malej miske zmiešame olej, citrónovú šťavu, petržlenovú vňať, oregano a soľ a korenie podľa chuti. Asi dve tretiny zmesi omáčky preneste do samostatnej misky. Rezervovať. Mušle potrieme zvyšnou tretinou omáčky.

4. Grilujte alebo kým krevety nie sú ružové a hrebenatky z jednej strany jemne opečené, asi 3 až 4 minúty. Otočte špízy a varte ešte asi 3 až 4 minúty, kým krevety nie sú ružové a hrebenatky z druhej strany jemne opečené. Mäso z kreviet a mušlí bude v strede sotva nepriehľadné. Preložíme na tanier a pokvapkáme zvyšnou omáčkou.

Mušle a mušle Posillipo

Vongole e Cozze a Salsa Piccante

Na 4 porcie

Posillipo je názov krajiny v Neapolskom zálive. V mysliach mnohých Talianov-Američanov tiež pripomína toto jedlo z čerstvých mušlí a mušlí v pikantnej paradajkovej omáčke. Recept, ktorý pravdepodobne pomenoval reštaurátor v Spojených štátoch, ktorý túži po domove, akoby vyšiel z módy, aj keď je taký dobrý, že si zaslúži návrat.

Podávajte ich v hlbokých miskách na plátkoch toastového chleba alebo freselle – tvrdých sušienkach s čiernym korením dostupnými na talianskych trhoch.

3 tucty malých tvrdých mušlí

2 kilá mušlí

1/3 šálky olivového oleja

1 polievková lyžica jemne nasekaného cesnaku

Štipka mletej červenej papriky

½ šálky suchého bieleho vína

1 (28 uncí) plechovka olúpaných paradajok, scedených a nakrájaných na kocky

1 lyžička sušeného oregana, drveného

Soľ a čerstvo mleté čierne korenie

¼ šálky nasekanej čerstvej plochej petržlenovej vňate

Plátky talianskeho chleba, toastového alebo freselle

1. Mušle a mušle namočte na 30 minút do studenej vody. Škrupiny vydrhnite pod studenou tečúcou vodou tvrdou kefou. Mušlím odrežte alebo odtrhnite fúzy. Zlikvidujte všetky mušle alebo mušle s prasknutými škrupinami alebo tie, ktoré sa pri dotyku odmietajú tesne uzavrieť.

2. Nalejte olej do veľkého ťažkého hrnca. Pridajte cesnak a feferónku. Varte na strednom ohni, kým cesnak nie je jemne zlatý, asi 2 minúty. Pridajte víno a varte ďalšiu 1 minútu. Vmiešame paradajky. oregano a soľ a korenie podľa chuti. Varte a varte 15 minút.

3. Pridajte mušle a mušle do hrnca a dobre prikryte. Varte, kým sa škrupiny neotvoria, asi 5 minút.

4. Umiestnite plátky talianskeho chleba na dno 4 misiek na cestoviny. Lyžičkou pridajte mušle a mušle. Posypeme nasekanou petržlenovou vňaťou a ihneď podávame.

Pečené plnené mušle

Vongole Arraganati

Na 4 porcie

Lahodné mušle posypané chrumkavou korenistou strúhankou sú obľúbené v celom južnom Taliansku. Rád ich robím s malými až stredne veľkými škrupinami. Ak sú k dispozícii len väčšie mušle, mäso z mušlí pomelieme pred pridaním strúhankovej zmesi.

Môžete ich podávať ako predjedlo, ale často ich robím k celému jedlu.

4 tucty malých tvrdých mušlí

½ šálky vody

½ šálky suchej strúhanky, najlepšie domácej

¼ šálky čerstvo nastrúhaného Parmigiano-Reggiano alebo Pecorino Romano

¼ šálky nasekanej čerstvej plochej petržlenovej vňate

1 strúčik cesnaku, nasekaný nadrobno

Soľ a čerstvo mleté čierne korenie

Asi 1/3 šálky extra panenského olivového oleja

1 citrón, nakrájaný na kolieska

1. Mušle namočte na 30 minút do studenej vody. Vydrhnite kefou pod tečúcou studenou vodou. Vyhoďte všetko, čo má popraskané škrupiny alebo tie, ktoré sa pri dotyku tesne nezatvárajú.

2. Umiestnite mušle do veľkého hrnca s vodou. Prikryjeme a privedieme do varu. Asi po 5 minútach odstráňte mušle, keď sa otvárajú, a vložte ich do misy. Zlikvidujte škrupiny, ktoré sa neotvárajú.

3. Nalejte šťavu z mušlí do misky. Odstráňte mušle zo škrupín a opláchnite každú jednotlivo v tekutine, aby ste odstránili piesok. Oddeľte polovice škrupiny. Polovicu škrupín položte na veľký plech na pečenie. Do každej škrupiny vložte mušľu. Šťavu z mušlí preceďte cez papierový kávový filter alebo navlhčenú gázu do misky. Na každú lastúru nalejte lyžičkou trochu šťavy.

4. Predhrejte brojler. V strednej miske zmiešajte strúhanku, syr, petržlenovú vňať, cesnak a soľ a korenie podľa chuti. Pridajte dostatok oleja, aby sa omrvinky navlhčili. Na vrch každej škrupiny voľne rozložte malé množstvo strúhanky. Nedávajte omrvinky na seba.

5. Smažte 4 minúty alebo kým strúhanka jemne nezhnedne. Podávame horúce s kolieskami citróna.

Mušle s čiernym korením

Impepata di Cozze

Na 4 až 6 jedál

Lacné a široko dostupné mušle sú skvelé v cestovinách, polievkach alebo dusených pokrmoch. Jediným problémom je ich čistenie, pretože divé mušle vyžadujú veľkú pozornosť. Výnimkou sú pestované mäkkýše. Hoci nie sú také chutné ako divé mušle, sú oveľa čistejšie a z poškodených mušlí je menej odpadu. Tento recept má ostrú chuť vína, citrónovej šťavy a nezvyčajne veľkého množstva čierneho korenia. Je to klasický recept z Neapola.

6 kíl mušlí

½ šálky olivového oleja

6 strúčikov cesnaku, nakrájaných nadrobno

½ šálky nasekanej čerstvej plochej petržlenovej vňate

1 polievková lyžica čerstvo mletého čierneho korenia

1 šálka suchého bieleho vína

1 polievková lyžica čerstvej citrónovej šťavy

1. Mušle namočte na 30 minút do studenej vody. Zastrihnite alebo vytrhnite fúzy. Vyhoďte všetky mušle s prasknutými škrupinami alebo tie, ktoré sa pri dotyku tesne nezatvárajú.

2. Nalejte olej do veľkého hrnca. Pridajte cesnak. Varte na strednom ohni dozlatista, asi 1 minútu. Vmiešame petržlenovú vňať a korenie. Do hrnca pridajte mušle, víno a citrónovú šťavu. Zakryte a varte za občasného potrasenia panvicou, kým sa mušle nezačnú otvárať, asi 5 minút.

3. Otvorené mušle premiestnite do servírovacích misiek. Všetky mušle, ktoré zostanú zatvorené, varte o minútu alebo dve dlhšie. Všetky, ktoré sa neotvárajú, zlikvidujte. Nalejte varnú tekutinu cez mušle. Podávajte teplé.

Mušle s cesnakom a bielym vínom

Čozze agli Aromas

Na 4 porcie

Namiesto podávania s chlebom môžete tieto mušle obložiť horúcimi varenými špagetami. Mušle môžete nahradiť malými mušľami s tvrdou škrupinou.

4 kilogramy mušlí

¼ šálky olivového oleja

2 strúčiky cesnaku, nasekané

2 zelené cibule, nakrájané

2 vetvičky čerstvého tymiánu

2 lyžice nasekanej čerstvej plochej petržlenovej vňate

1 bobkový list

1 šálka suchého bieleho vína

Plátky talianskeho chleba, opekané

1. Mušle namočte na 30 minút do studenej vody. Zastrihnite alebo vytrhnite fúzy. Vyhoďte všetky mušle s prasknutými škrupinami alebo tie, ktoré sa pri dotyku tesne nezatvárajú.

2. Nalejte olej do veľkej panvice. Pridajte cesnak, zelenú cibuľku, tymián, petržlenovú vňať a bobkový list. Varte na strednom ohni, kým cibuľa nezmäkne, asi 2 minúty.

3. Pridajte mušle a víno. Zakryte a varte za občasného potrasenia panvicou asi 5 minút, alebo kým sa mušle nezačnú otvárať.

4. Otvorené mušle preložíme do jednotlivých servírovacích misiek. Všetky mušle, ktoré zostanú zatvorené, varte o minútu alebo dve dlhšie; vyhoďte všetky, ktoré sa neotvárajú. Tekutinu ešte minútu podusíme a zalejeme ňou mušle. Podávame horúce s opečeným chlebom.

Sardinkové mušle so šafranom

Cozze allo Zafferano

Na 4 porcie

Šafran, korenie vyrobené zo stoniek krokusových kvetov, dodáva týmto mäkkýšom exotickú chuť a krásnu farbu. Hoci väčšina svetového šafranu pochádza zo Španielska, vyrába sa aj v regióne Abruzzo v Taliansku. Pri kúpe šafranu kupujte vždy celé nite, ktoré si dlhšie zachovajú chuť. Hľadajte sýtu červeno-oranžovú farbu. Tmavšia farba je indikátorom lepšej kvality.

1 lyžička šafranovej nite

1 šálka suchého bieleho vína

4 kilogramy mušlí

1 stredná cibuľa, jemne nakrájaná

1/3 šálky olivového oleja

1 šálka ošúpaných zrelých paradajok zbavených semienok a nakrájaných na kocky

6 lístkov bazalky, natrhaných na kúsky

2 lyžice nasekanej čerstvej plochej petržlenovej vňate

1. Šafran namočíme na 10 minút do bieleho vína. Medzitým namočíme mušle na 30 minút do studenej vody. Zastrihnite alebo vytrhnite fúzy. Vyhoďte všetky mušle s prasknutými škrupinami alebo tie, ktoré sa pri dotyku tesne nezatvárajú.

2. Vo veľkej panvici na strednom ohni opečte na oleji cibuľu dozlatista, asi 10 minút. Pridajte šafran, víno a paradajky a priveďte do varu. Vmiešame bazalku a petržlenovú vňať.

3. Pridajte mušle a zakryte panvicu. Varte za občasného potrasenia panvicou asi 5 minút, alebo kým sa mušle nezačnú otvárať.

4. Otvorené mušle preložíme do jednotlivých servírovacích misiek. Všetky mušle, ktoré zostanú zatvorené, varte o minútu alebo dve dlhšie; vyhoďte všetky, ktoré sa neotvárajú. Tekutinu ešte minútu podusíme a zalejeme ňou mušle. Podávajte teplé.

Králik s paradajkami

Coniglio alla Ciociara

Na 4 porcie

V regióne Ciociara pri Ríme, ktorý je známy svojou chutnou kuchyňou, sa králik dusí v paradajkovej omáčke a bielom víne.

1 králik (2 1/2 až 3 libry), nakrájaný na 8 kusov

2 polievkové lyžice olivového oleja

2 unce pancetty, nahrubo nakrájané a nasekané

2 lyžice nasekanej čerstvej plochej petržlenovej vňate

1 strúčik cesnaku, mierne rozdrvený

Soľ a čerstvo mleté čierne korenie

1 šálka suchého bieleho vína

2 šálky olúpaných slivkových paradajok zbavených semienok a nakrájaných na kocky

1. Opláchnite kúsky králika a potom ich osušte papierovými utierkami. Olej zohrejte vo veľkej panvici na strednom ohni. Vložte králika do panvice, pridajte pancettu, petržlenovú vňať a

cesnak. Varíme, kým králik pekne nezhnedne zo všetkých strán, asi 15 minút. Posypte soľou a korením.

2. Odstráňte cesnak z panvice a vyhoďte. Podlejeme vínom a dusíme 1 minútu.

3. Znížte teplo na minimum. Primiešame paradajky a varíme, kým králik nezmäkne a neodpadne od kosti, asi 30 minút.

4. Premiestnite králika na servírovací tanier a podávajte horúce s omáčkou.

Sladkokyslý dusený králik

Coniglio v Agrodolciach

Na 4 porcie

Sicílčania sú známi svojou chuťou na sladké, čo je dedičstvom arabskej dominancie ostrova, ktorá trvala najmenej dvesto rokov. Hrozienka, cukor a ocot dodávajú tomuto zajačikovi jemne sladkokyslú chuť.

1 králik (2 1/2 až 3 libry), nakrájaný na 8 kusov

2 polievkové lyžice olivového oleja

2 unce hrubo nakrájanej pancetty, nasekanej

1 stredná cibuľa, jemne nakrájaná

Soľ a čerstvo mleté čierne korenie

1 šálka suchého bieleho vína

2 celé struky

1 bobkový list

1 šálka hovädzieho alebo kuracieho vývaru

1 polievková lyžica cukru

¼ šálky bieleho vínneho octu

2 polievkové lyžice hrozienok

2 polievkové lyžice píniových orieškov

2 lyžice nasekanej čerstvej plochej petržlenovej vňate

1. Opláchnite kúsky králika a potom ich osušte papierovými utierkami. Vo veľkej panvici zohrejte olej a pancettu na strednom ohni 5 minút. Pridajte králika a opekajte na jednej strane, kým nezhnedne, asi 8 minút. Kúsky králika otočte kliešťami a rozsypte cibuľu. Posypte soľou a korením.

2. Pridajte víno, klinčeky a bobkové listy. Tekutinu priveďte do varu a varte, kým sa väčšina vína neodparí, asi 2 minúty. Nalejte polievku a panvicu prikryte. Znížte teplotu na minimum a varte, kým králik nezmäkne, 30 až 45 minút.

3. Položte kúsky králika na tanier. (Ak zostane veľa tekutiny, varte na prudkom ohni, kým sa nestratí.) Vmiešajte cukor, ocot, hrozienka a píniové oriešky. Miešame, kým sa cukor nerozpustí, asi 1 minútu.

4. Vráťte králika do panvice a varte, pričom kúsky v omáčke otočte, kým sa nezdajú byť dobre pokryté, asi 5 minút. Vmiešame petržlenovú vňať a podávame horúce so šťavou z panvice.

Pečený králik so zemiakmi

Coniglio Arrosto

Na 4 porcie

U mojej priateľky Dory Marzoville sa nedeľná večera alebo jedlo pri zvláštnych príležitostiach často začína výberom jemnej, dochrumkava vyprážanej zeleniny, ako sú artičokové srdiečka alebo špargľa, po ktorých nasledujú naparené misky domáceho orecchiette alebo cavatelli, zmiešané s lahodným ragú vyrobeným z jemné fašírky.perličky. Dora, ktorá pochádza z Rutigliana v Apúlii, je výborná kuchárka a toto králičie jedlo, ktoré podáva ako hlavné jedlo, patrí medzi jej špeciality.

1 králik (2 1/2 až 3 libry), nakrájaný na 8 kusov

1/4 šálky olivového oleja

1 stredná cibuľa, jemne nakrájaná

2 lyžice nasekanej čerstvej plochej petržlenovej vňate

1/2 šálky osušte vínom

Soľ a čerstvo mleté čierne korenie

4 stredné univerzálne zemiaky, ošúpané a nakrájané na 1-palcové kolieska

½ šálky vody

½ lyžičky oregana

1. Kúsky králika opláchnite a osušte papierovými utierkami. Zohrejte dve polievkové lyžice oleja vo veľkej panvici na strednom ohni. Pridajte králika, cibuľu a petržlenovú vňať. Varte za občasného otáčania kúskov, kým jemne nezhnednú, asi 15 minút. Pridajte víno a varte ďalších 5 minút. Posypte soľou a korením.

2. Umiestnite rošt do stredu rúry. Predhrejte rúru na 425 ° F. Plech na pečenie dostatočne veľký, aby sa doň zmestili všetky ingrediencie v jednej vrstve.

3. Zemiaky vysypeme do panvice a polejeme zvyšnými 2 lyžicami oleja. Pridajte obsah panvice do panvice, pričom kúsky králika zastrčte okolo zemiakov. Pridajte vodu. Posypeme oreganom a soľou a korením. Plech na pečenie prikryte hliníkovou fóliou. Pražíme 30 minút. Odkryjeme a varíme ďalších 20 minút, alebo kým zemiaky nezmäknú.

4. Presuňte na servírovací tanier. Podávajte teplé.

www.ingramcontent.com/pod-product-compliance
Lightning Source LLC
Chambersburg PA
CBHW071333110526
44591CB00010B/1132